荻田和秀

嫁ハンをいたわってやりたい

ダンナのための妊娠出産読本

講談社＋α新書

はじめに

奥さんのご懐妊おめでとうございます。って、言ってもいいですよね？

日本に限らず、多くの地域では古くから妊娠出産は男子禁制みたいになっていて、代々嫁ハンが何とかするさ、みたいな感覚で現代まで来ました。ところが最近になって急に何かしないといけないような雰囲気になって、お役所までもが「育児に参加せい」と言い出す始末。挙げ句に「イクメン」などと持ち上げられて呆然としていると「役立たず」「デクノボー」「アホたれ」などと叱られて……。でも世話を焼きすぎると仕事に支障は出るし嫁ハンに鬱陶しがられるし。だってじいさんもオヤジも教えてくれなかったんですもの、わかるわけないですよね。

本書はそんなダンナさんが妊娠した嫁ハンとの距離感を測れるようにするために上梓します。

この本にはリスクの話がたくさん書いてあります。

減ってきたとはいえ、日本では年間約１００万件の分娩があります。でも年間50人前後のお母さんと３０００人近くの胎児・新生児が命を落とします。これは多い数字でしょうか？たとえば満員の甲子園球場は５万人少々の人が入りますが、このうち２〜３人は交通事故で亡くなります。それが、今の日本の交通事故の危険率なのです。仮に甲子園球場を妊婦さんで一杯にしてもほぼ同数の妊婦さんが亡くなる勘定になります。あなたが交通事故に遭わないように気を遣っているのと同程度には妊婦さんに気を遣うべきとも言えます。

一方、妊婦さんに気を遣いすぎる風潮も同時にあります。「一切の薬は使えない」とか「体を冷やしてはいけない」とかです。ひどいのになると、「一切の化学物質は赤ちゃんの毒だ」とか、「ショパンを聴くと赤ちゃんの頭が良くなる」とか……。いずれも科学的な根拠がありません。むしろダンナの帰宅に合わせて遅い夕食を一緒にとるようなライフスタイルのほうが問題だということはご存じですか？

心配だからと何度も電話をかけたりメールしたり、これも妊婦さんにとってはストレスになり得ます。そんな人に限って受動喫煙や妊娠中の不要不急の旅行に意外と気を遣わなかったり。

良い頃合い、ちょうど良い距離感。本書のコンセプトの一つです。

そのためには、まず理論武装しないといけません。妊娠の全体の流れをつかんだ上で、ダンナとしてすべきことは何かがわかれば、その距離感が少しはつかめると考えます。

もちろん、できることには限界があり、経済的、物理的に不可能なことはあります。できる範囲でいいんじゃないですかね。

100万人のお母さんから100万人の赤ちゃんが生まれるわけで、100万通りのお産があってもいいのですから。

さて、縁あってこのような本を上梓することになりましたので少し自己紹介を。

ちょうど周産期医療崩壊と言われていた2008年に、僕は某大学病院の産科チーフをやっていました。たまたま、後輩の幼馴染が里帰り出産をするのでヨロシクと言われてハイハイと受けました。陣痛がはじまって、東京からドンバ（バンドマン）というダンナがやってきて、若干のけぞりながら立ち会い出産されたのですが、僕も元ドンバの端くれだったので「またセッションしましょうね」という社交辞令としか言えない言葉をかけてお別れしたのでした。ほどなくして僕はさらなる最前線へ配置換えになり、すっかりそのことを忘れていた時に件《くだん》の後輩から連絡があり、あのダンナさんが「こんど先生をモデルにして漫画を描いたんやけど」と言います。アタマに？マークを二つ三つつけたまま東京の新丸ビルで鈴ノ木ユウ先生と再会し、ドンバをやる前、絵をやっていたんですという驚天動地の告白を聞きつつその晩はしたたかに呑みました。その結果最終の新幹線の中でネーム（下描き）を読んで涙を滂沱《ぼうだ》の如く湧出させた挙げ句呼吸困難になり、車掌さんに何回も見に来ていただくという状況に陥ってしまったのです。「『コウノドリ』を公共交通機関で読むべからず……」。ツイッターで皆様よく呟いておいでですが、まさに僕がその被害者の第1号というわけです（講談社公認）。

それが漫画「コウノドリ」との出会いです。

鈴ノ木先生はその後何度か取材にみえられ、やはり最前線で共に体を張る救命医や新生児科医なんかの話を作品化し巻を重ねるごとに多くの読者を得て、妊婦さんや産後のお母さんのみならず産婦人科医からも支持を受けるようになりました。でも、その原点は一貫して「先生、何で?」「先生、あれどうして?」という作者鈴ノ木ユウ先生ののけぞりながらもお産という現実を受け入れようとするダンナ目線がこの作品をさらにリアリティあるものにしていることは否定できざるところです。

この本はそういう意味では「コウノドリ」の新書版と言えなくもないかもしれませんね。だから気軽にお読みいただい……え？　著作権？　いや、それは大丈夫だと……えと、ちょっと確認しますのでとりあえず皆様お読みになっておいてください。

◎目次

第二章　嫁ハンに山あり谷あり40週

第三章　ダンナも知るべし「お産のリスク」

第四章　「イクメン」ってなんやねん!?

第一章　父親になるって「自分、どないやねん？」

妊娠した嫁ハンとの距離感

漫画「コウノドリ」がここまで人気を博したのは、もちろん鈴ノ木ユウ先生がすごいからです。描かれているのは僕ら周産期医療センターの日常ですし、医者の本音もかなりぶちこんであります。「これ、医者が言っちゃアカンよね」というセリフや「僕もこう言うわー」というセリフがバンバン出てくる（ちょっと焦りました）。でも、正しくてまっとうな情報をわかりやすい形で発信しているからこそ、みんなに受け入れられたのだと思います。

もう一つ、主な読者が男性なのに、産科医の漫画がウケたというのは、「お産のときの距離感、嫁ハンとの距離感を測りかねてるヤツ」が実は多いからではないかと思っています（もしかしたら、嫁ハンに「この漫画買《こ》うてきて！」と言われたダンナも多いのかもしれませんが）。

お産をする嫁ハンの気持ちは知識として理解できたとしても、代わってやることができません。自分がどういうスタンスでお産に臨んだらいいのか、嫁ハンから何を求められているのか、さっぱりわからないし、今まで誰も教えてくれませんでした。僕ら産科医も両親学級に来たときに話すくらいで、積極的には教えようともしてこなかったのです。

昔はほうっておけばよかった、というか、嫁ハンに任せておけばよかったのですが、今は世間的にも時代的にもそういうわけにもいきません。「君、育休とらないのか？」と上司に言われて戸惑っているダンナも結構多いはずです。そんなダンナたちは自分で自分にツッコミを入れているのではないでしょうか。

「父親になるって、自分、どないやねん？」

たいていのダンナは妊娠出産、そして育児時に嫁ハンから怒られているようです。距離が近すぎ、過干渉になると「ウザい」と言われます。距離が遠すぎても「鈍感」「役立たず」と言われます。ちょうどいい距離感というのを掴めていない人が大半だと思うのです。

ところが、出産育児本の多くは女性の視点で書かれていて、まれに男性の視点があったとしても、それは「イクメンになるための教科書」という（笑）。迷えるダンナにとっては、プレッシャーとストレスしか得られません。

この本では、お産にまつわることで、ダンナが知っておきたい最小限の「正しい情報」と、肩の荷をおろせる（かもしれない）心得をやんわり伝えていこうと思っています。

「オメデタ」はいつわかる？

まずはコトの始まり、妊娠の発覚から解説していきましょう。

妊娠は通常「○ヵ月」という単位が一般的ですが、より詳しくみていくには「○週○日」

という言い方をします。嫁ハンの最後の生理が始まった日を「0週0日」として数えていきます。受精は2週目で、4週0日が次の生理予定日。つまり、嫁ハンが生理が来ないことに気づくのは、4週（1ヵ月）以降となるのです。嫁ハンが生理不順だと、妊娠に気づくのがもっと遅くなるケースもありますが、大半は5〜7週で気づきます。病院へ来るのは6〜7週が最も多いようです。

最近は市販の妊娠検査薬を使う人が非常に増えました。市販の場合はだいたい6週くらいから判定できると言われていますが、病院の検査薬は4週台でわかります。妊娠が成立すると出てくるホルモンであるhCG（ヒト絨毛性《じゅうもうせい》ゴナドトロピン）の値を測るものですが、感度が違うので、病院での検査のほうがより正確と言えるでしょう。

では、この検査で陽性が出れば、「オメデタ」と言えるのか？　答えはNOです。超音波検査では、6週くらいで赤ちゃんの袋「胎嚢」が見えて、8週くらいで赤ちゃんの心拍が見えてきます。僕自身は、心拍が見えてくる8週以降に「オメデタ」を告げるようにしているのです。

というのも、一般的には受精卵5個のうち1個は赤ちゃんが育たない、要するに流産してしまう卵が含まれているので、6〜7週で胎嚢が見えていたとしても妊娠が継続するかどうかを判断できないからです。そのため、8週以降で赤ちゃんの心拍が見られた、という状態を「オメデタ」の基準としています。

ダンナとしては、嫁ハンが「市販の検査薬で陽性が出た！」と言っても、ひとまず冷静に受け止める姿勢が必要かもしれません。

「予定日」はあくまで統計平均値

ダンナとしては、気になるのは「出産予定日」でしょう。赤ちゃんの誕生日であり、嫁ハンが妊婦から母となる日は、いつになるのか。予定日は0週0日から起算して、「40週0日」とされています。

ただし、これは「統計的に40週0日で生まれることがいちばん多い」ということであって、あくまで目安です。37週で産む人もいれば、41週で産む人もいます。自然分娩で予定日どおりに出産できると考えないほうがよいでしょう。

分娩には3要素あります。一つめは「胎児」、二つめに「産道」、三つめが「子宮収縮」です。この三つが揃わないと、たとえ40週に入ったとしてもお産にならないのです。

「胎児」というのは、赤ちゃんの「やる気次第」。通常、分娩前に赤ちゃんはぐっとあごを引く「回旋」をします。ところが、まだおなかの中でのんびりしている状態では、お産へと進みません。また、赤ちゃんがやる気満々でも、母体の産道がカチカチに硬かったり、子宮に収縮が起こらなければ、お産へと進みません。お産は赤ちゃんとお母さんとの共同作業ですから、予定日どおりにうまいこといくとは限らないのです。いつ生まれるかは、実は産科医にもわかりません。

よくある、「満月や満ち潮時にお産が多い」という話は眉唾です。満ち潮時って……「だったら奈良や長野の海ナシ県の人はお産にならないんかいッ」と言いたいです。月や天候・気圧など、自然現象と結びつけること自体がナンセンス。「今日は満月だからお産だよ」などと言う年寄りには、「うちの嫁ハンはカニやカメとちゃうで」とツッコミましょう。

37週以降は「ロスタイム」

赤ちゃんは、だいたい39～40週前後に生まれるケースが多いのですが、ではいつまでに生まれればいいのか。一応、日本の「正期産」は「37週0日～41週6日」とされていますが、別に決まりがあるわけではありません。ただし、42週を目途にする理由はあります。

実は、42週以降は胎盤の機能が落ちてくるので、赤ちゃんにとっては危険な状態になります。赤ちゃんの死亡率で言えば、22週以降は下がっていき、40週0日あたりで最も低くなります。ところが42週を超えると、死亡率がグンと上がってしまうのです。42週までに生まれてほしいなと思うのは、このためなのです。

病院では、基本的に42週を目途に誘発分娩（陣痛促進剤などを使って人工的に陣痛を起こし、分娩させる）を行うところが多いです。また、37週を超えていて、「母体の血圧が上がってきた」「赤ちゃんのスタミナがなさそうだ」などの所見がある場合にも誘発分娩に踏み切ります。

ただし、適用のない誘発分娩は、僕のところでは断っています。おそらく37週に入って、周囲からも「まだか？　まだか？」とプレッシャーをかけられることもあるでしょう。なかには「早く出してください、誘発分娩にしてください」という人もいます。でも、陣痛促進剤を使った場合、子宮口が十分に開かずに陣痛が強くなったり、最悪の場合は子宮破裂というリスクも伴います。産科医はできるだけ自然な陣痛を待ちたいと考えているのです。

おなかの中の赤ちゃんにとって、37週を超えたということは、サッカーでいう「ロスタイム」。37週を超えた時点で勝ち試合なわけで、もう十分に頑張ったわけです。産科医としては試合終了のホイッスル（誘発分娩）を吹いてあげたいけれど、ホイッスルを吹くリスクもゼロではありませんから、自然に試合終了できればいいなぁという気持ちなのです。

ただ、勝っていた試合がロスタイムでひっくり返されることもあります。１９９３年の「ドーハの悲劇」じゃないけれど、37週まで育って安心と思っていたら、分娩時に赤ちゃんが危険な状態に陥ることもありえる。これは産科医として最も悔しいことであり、最も防がなければいけないことでもあります。

「安定期」なんてありまへん

「安定期」とよく耳にしますが、産科医としてはあえて「安定期はありません」というスタンスをとっています。どの週数でもどんな時期でも、何が起こるかわからない、したがって「安定期だから○○しても大丈夫ですよね？」という質問に対しては、「まったく同意できません」と答えています。

妊娠初期には、受精卵のトラブルを含めた「流産率」が約15〜20％に上るというデータがあります。妊娠後期には約８％の妊婦が早産になるとも言われています。

「じゃあ、その間が安定期といえるのでは？」

と思ったら大間違い。僕自身、20〜30週前後の妊婦さんが危険な状態になったケースや、最悪の事態もイヤというほど見てきていますから。ホンマ、安定期って何やねん、って話です。

いつ何が起こるか誰にもわからない、それが妊娠であり、お産なのです。ダンナは嫁ハンがそういう状態にあるということを、わかっておいてください。

「マタ旅」はやめなはれ

「安定期に入ったので、旅行に行ってもいいですか？」と聞かれたら、僕は「不要不急の長距離の移動は勘弁してほしいな……って赤ちゃんが言ってるよ」と赤ちゃんの吹き替えでお伝えするようにしています。なかには、ムッとする人もいます。僕の吹き替えに対して「何言うとんねん、このオッサン！」と。

もちろん、お盆に帰省するとか、親の具合が悪いとか、いろいろな事情があるでしょうし、妊婦は長距離移動してはいけないという法律があるわけではありません。子育てに追われる前にふたりで楽しんでおきたい、とマタニティ海外旅行に行きたがる夫婦も最近は多いです。

でも、おなかの中の赤ちゃんにとって、それはいいことでしょうか？　赤ちゃんは果たして喜ぶでしょうか？　赤ちゃんが喜ぶ時期に行ってください、としか言えません。

日本国内の場合、未受診でない限り母子手帳を持っていますから、何らかの情報を得られるので大事にはなりにくいとは思いますが、やはりリスクは伴います。飛行機に乗る場合、36週以降は診断書が必要な航空会社もあるようです。逆に、妊婦さんに配慮した妊婦用クッションを配ってくれたり、たいていは乗せてくれるので、絶対禁忌とは言いません。

巷では、妊婦が海外旅行先でトラブルになった場合、1億円の治療費がかかったという噂があります。これ、状況によっては請求されてもおかしくない金額なのです。もし切迫早産になって、赤ちゃんが30週より前に出てきてしまったら？　赤ちゃんが脳に障害をもっていたり、命にかかわる重い病気になって、手術が必要になったら？　緊急手術をして、NICU（新生児集中治療室）に数ヵ月も入院するとなったら？　1億円というのは極端かもしれませんが、数千万円の治療費を請求されることだってありえるわけです。

おなかの赤ちゃんにこっそり聞いてみてください。きっと「今はアカン、無理やわ」と、ぼやいているはずですよ。

「つわり」は必ず治まる

妊娠初期、嫁ハンがなんだか苦しそうで、吐いたりしている。これが「つわり」です。水を飲んでも吐いてしまうような「吐きづわり」もあれば、空腹時にオエッと気持ちが悪くなるため、何か食べていないといられない「食べづわり」もあります。

つわりが起こるのは、受精卵が着床して赤ちゃんを育めるように、母体のホルモンシステムが変わるからだといわれています。卵巣から出るエストロゲンとプロゲステロンというホルモンが大量に分泌されて、体内はホルモンストーム、まるで嵐のような状態になるわけです。特にこの二つが合体すると、嘔吐中枢を刺激するという仮説があり、それでつわりのような消化器症状が起こると言われているのです。

通常、女性の体内でプロゲステロンは生理前に分泌量が増えます。これが「ＰＭＳ（月経前緊張症）」の原因になるともいわれています。生理前にイライラしたり、気分の変調が激しかったり、便秘や下痢などの消化器症状などを起こしたり、中には寝込んでしまう人もいるのですが、実はすべての女性に起こるわけではありません。生理前でも絶好調の人もいます。なぜなら、ホルモンの感受性は人それぞれだからです。

「つわり」もＰＭＳ同様、人それぞれです。つわりが激しくてかなりつらい人もいれば、軽くて済む人もいるのです。相当、個人差のあることだと思ってください。

ただ、つわりは生物学的に合理性があると思います。つわりが出れば、妊娠したんだなとわかりますよね？　これは「受精卵によるお母さんへの告知」でもあるのです。だいたい妊娠８週くらいから、つわりが始まります。

そして、ここで朗報です。だいたい12週くらいになると胎盤が完成するため、つわりはストンと治まります。８週から12週、遅くとも16週までには治まるのです。１ヵ月〜１ヵ月半の辛抱だと、ダンナにも知っておいてほしいのです。

逆に、16週を超えてもつわりが治まらない場合は、別の病気を考えなければいけません。16週を超えても吐き気がずっと続いていて、調べてみたら実は胃がんだった……というケースも実際にありましたから。ダンナとしては、16週を超えても嫁ハンのつわりが治まらないようだったら、担当医に相談するよう促してください。

ポテチとコーラで乗り切る

つわりでかなりしんどい嫁ハンに「おなかの子のために食べろ」と言うのは酷な話です。実はアメリカの教科書に面白いことが書いてありましたので、紹介しましょう。つわりのときは「ポテトチップスとコーラで乗り切れ！」とあるのです。これ、実はそんなに悪くないのではないかと思っています。

まず、ポテトチップスは高カロリーです。妊娠は体力勝負ですから、カロリーはある程度とったほうがいい。リスクのない妊婦さんであれば、何も食べられないよりは食べられるものを食べたほうがいいのです。つわりの時期には、プロゲステロンの作用で味覚が変わるケースもあり、ややこしい味のものや複雑な味の食べ物がきつくなるようです。ですからポテトチップスでも、コンソメ味でなく、うす塩味ならイケる、というのもあるようです。

そして、顎を使うと少し気が紛れるケースもあります。乗り物酔いを防止するために、ガムを嚙む人いますよね？　これと同じで、多少顎を使って嚙むようなもので気が紛れることもあるのです。吐くのがしんどいから、おかゆやそうめんなどのどごしのよいものを食べる人もいますが、裏を返せば、吐きやすいというデメリットも。僕はある程度硬いものを食べてもよいと思っています。ポテトチップスでなく、おせんべいでもよいのです。

さらに、コーラですが、「炭酸は胸がすごくスッとする」という妊婦さんは多いです。コーラでもサイダーでも、飲めるようなら飲んでください、と僕はお話ししています。

そんなジャンクなものを食べてはいけない！　と制限するのはちょっと違うかな。妊婦さんが食べられるもの、ラクなものを、おなかの赤ちゃんと相談して食べてください。

赤ちゃんは弁当箱を持っている

実は、つわりの時期に妊婦さんが多少食べなくても、赤ちゃんにとってはそんなに大変なことにはなりません。というのも、赤ちゃんは「卵黄嚢」というものを持っています。胎盤ができあがるまでは妊婦さんと赤ちゃんの栄養補給システムは別モノで、赤ちゃんはこの卵黄嚢に当座必要な栄養分をすでに持っているのです。「お弁当箱」とよく言われているようですが、多少妊婦さんが食べられなくても、赤ちゃんは卵黄嚢から栄養分をとりますので、心配いりません。

一方、妊婦さんはどうでしょうか。母体はまずビタミンB群が不足していきます。不足というか、枯渇というレベルです。ビタミンB群は肉類、特に豚肉には豊富に含まれていますが、つわりでしんどいのに「豚肉食べろ」とは言えませんよね？　そういうときはビタミンB群の入ったサプリメントを飲んでもOKです。

ビタミンB群が不足すると、妊婦さんが「ウェルニッケ脳症」という命にかかわる脳炎を起こすこともあるので、積極的にとってください。僕はビタミンB群を錠剤で処方することもあります。「薬やサプリメントは飲むのが怖い……」という人は、ビタミンB群欠乏のリスクをぜひ知っておいてほしいものです。

あんまりヘンなものを飲んでもらっては困るのですが、僕が担当している妊婦さんには、

「ビタミンBも入っている炭酸だから、つらいならオロ●ミンCを飲みや～」

と言っています。ただし、これにはカフェインも入っているので、取りすぎるのは問題です。困ったことに、炭酸のエナジードリンク系にはビタミンも入っていますが、カフェインが大量に入っているものもありますからね。ビタミンB群の入ったものを適宜適量、とお話しししています。

こんなに妊婦さんがいはるんや

最近は認知度も上がってきているようですが、知らない人はここで一発、認識していただきましょう。「マタニティマーク」です。電車の優先席に表示してあることもありますし、

これをカバンにつけている妊婦さんも増えてきました。

実際のデータでいえば、実は「ずっと立ち仕事の人と、そうではない家にいる人とで、流産率を比べてもそんなに変わらない」です。すべての妊婦さんに席を譲るのが正しいかどうかはわかりません。

でも、なかにはつわりで相当具合が悪い人もいるわけで、妊婦さんには譲ってあげたほうがいいのかなと思います。

ダンナとしては、まずマタニティマークというものがあること、それをつけている人を我が嫁ハンと同じなんだと認識することから始めてみましょう。今までは気づきもしなかったマタニティマークに目が行くようになり、「世の中こんなに妊婦さんがいはるんや」と視野が広がると思います。

「太る・むくむ」は母になる証

嫁ハンの体型変化については、ちゃんとしたデータがありません。人それぞれで個人差が大きいというところでしょう。妊娠中は皮下脂肪も増えますし、むくみますから、体型が変わるのは当然のことです。産後にスーッと元に戻る人もいれば、なんとなく割増のまま行かれる人もいます。でもこれは「嫁ハンが母になったんだな」と思うしかないです。

聞くところによると、女優さんはかなりのダイエットで引き締めたり、余った皮膚を手術して取る、なんていいますが、一般の人にそれが必要かどうか、僕にはわかりません。

妊娠時の体重増加も、今は普通の体型の人であれば、プラス10kgまでOK。昔のように「太るな!」とは言わないです。普通の体型というのは、BMIが20~25程度。

BMI=体重(kg)÷〈身長(m)×身長(m)〉

ですから、身長160cm、体重55kgの人は、55÷〈1・6×1・6〉=約21・5となります。

そもそもやせている人には「もうちょっと太って、14kgくらいまでOK」とお話しします。もともとの体型や身長にもよりますから、12~14kg増は許容範囲なのです。

ちなみに、BMIが19を切ると、排卵しづらくなり、妊娠しにくくなります。女性で19といったら、マラソン選手や体操選手などアスリートクラスですね。

妊婦さんがむくむのには理由があります。一つは体を巡る血液の量(循環血漿量)が通常の1・5倍になるからです。それだけ赤ちゃんに血液を送らなければいけないため、むくみが生じるのはしかたないことです。

太る・むくむの他にも、いろいろな変化が出ます。乳首や胸が大きくなる、おなかも大きくなるので皮膚に亀裂が入ったような「妊娠線」もできます。脚の静脈がパンパンに腫れることもあります。妊娠するということは、体が激変するのが当たり前なのです。

脚のむくみは、ダンナがもんで解消させるべきかどうかはわかりません。だったら着圧ストッキングを履いたほうがいいかもしれません。妊婦用の着圧ストッキングで「これだ！」と思うものがあれば、ぜひ活用してください。

妊娠は人生最大の禁煙チャンス

タバコは百害あって一利なし。妊婦さんには今すぐやめさせてください。タバコに関しては、まず最初にたっぷりと脅しておきます。喫煙のリスクは、

●流産率が2倍になる
●早産率が1・5倍になる
●常位胎盤早期剥離（赤ちゃんより先に胎盤が剥がれて危険な状態になる）のリスクが2〜3倍になる（最悪の場合胎児死亡に、あるいは大量出血で母体死亡に）
●出生時の赤ちゃんが低体重に
●赤ちゃんの精神発達への悪影響

など、かなり深刻です。

タバコのパッケージにもこんな表示があります。「疫学的な推計によると、たばこを吸う

妊婦は、吸わない妊婦に比べ、低出生体重の危険性が約2倍、早産の危険性が約3倍高くなります」。誰が見ても健康にいいことは一つもありません。

ただし、一つ言っておきたいのが、妊娠を機に禁煙に成功する人が非常に多いことです。日本のデータですが、妊婦さんが喫煙している場合、8割以上が妊娠を機に禁煙したいと思っているそうです。そして、喫煙していた女性の7割が妊娠を機に禁煙に成功しています。つまり、妊娠は人生最大の禁煙のチャンスなのです。それまで何をしてもやめられなかった人が、妊娠をきっかけにタバコと縁を切ることができるわけですから。

ダンナのデータは残念ながらありませんが、同じようにチャンスなのだと思います。副流煙が体に悪いことは社会的にも周知の事実ですし、何よりも赤ちゃんのために。そして嫁ハンと一緒に禁煙できれば、もうけもんです。

僕がダンナさんに言うのは、「子供できたんだから思い切ってやめちゃえ」という提案です。「今、タバコも高くなっています。そのお金をダンナさんはへそくりに回してください。それで子供の誕生日にプレゼント買《こ》うて、ここぞオヤジの出番とばかりに、エエ顔してやってください」と。

禁酒すべきこれだけの理由

妊娠中は何かと制限されることが多く、嫁ハンもストレスがたまりがちです。嗜好品を我慢するのはなかなかにツラいでしょう。ここはひとつ、正しい情報を知っておきたいところです。

まず、「コーヒー」。紅茶や緑茶も同じですが、何がいけないかというと、カフェインです。とりすぎると、母体が貧血ぎみになる、あるいは胎盤への影響や出産時の低体重などのリスクがあると言われています。ただし、一日1～2杯程度であれば、こうした影響はなく、問題ないという報告もあります。

もちろん飲みすぎはよろしくないのですが、コーヒーや紅茶を飲むと副交感神経が優位になり、リラックス効果とストレス軽減効果があるそうです。一日1～2杯であれば、ゆったりと楽しんでいいんじゃないかと思います。

最近はカフェインレスのコーヒーや紅茶も出ていますし、妊婦さんにはストレス対策としてうまく付き合ってください、とお話ししています。

もう一つ、嗜好品としては「お酒」です。お酒はできればやめていただきたい。ちょっとくらいはリラックスにいいのでは？　と思うかもしれませんが、僕はおすすめしません。

まず、お酒を飲むと血圧が下がります。妊婦さんはもともと血圧が下がりやすくなっていますから、少量の飲酒でも酔いやすく、気分も悪くなります。動悸も激しくなり、ドキドキすることもあります。リラックスどころか、逆にストレスになってしまうのです。

さらに、妊娠中の飲酒は、赤ちゃんに精神発達遅滞が出る確率を高くします。あくまで飲みすぎた場合の話ではありますが、生まれた後にも影響を及ぼすと言われているのです。

そして、何がいちばん怖いかというと、「転倒」なのです。ただでさえひっくり返りやすい体になっている妊婦さんが、酔って転倒し、流産や早産となるケースもあるのです。ちょっとの飲酒だとしても、妊娠中は何が起こるかわかりません。お酒はできればやめてほしい、というのが産科医の本音です。

夜中のメシに付き合わすな

最近では、「胎児プログラミング」なる話が持ち上がっています。これは「胎内環境が胎児の出生後、さらに成人期に至る健康に大きな影響を与える」という説です。簡単に言えば、「子供の将来の病気や健康状態は、すでにおなかの中で決定されている部分があるのではないか?」という非常に怖い話です。

なぜこのような話が浮上したかというと、インドの研究で「出生時体重の低い子供は高血圧になりやすい」というデータが出たからです。インドでは膨大な数のデータをとっているため、にわかにいろいろな説が飛び出してきています。

「出生時体重が小さいと糖尿病になりやすい？」
「出生時体重が大きすぎる女の子は将来メタボリックシンドロームになりやすい？」
「出生時体重が小さい子ほど、将来塩辛いものを好みやすい？」

なかには話半分に聞かないといけないような説まで出てきているのですが、研究は世界各国で進んでいるようです。病気や体の特性ならまだしも、子供の性格や好み、表現スタイルもおなかの中で決まっているとなると、それは眉唾です。そもそも性格や好み、表現スタイルなんて、客観的にとらえて数値化することができません。大規模な調査ができるようなものではありませんから。なので、この話は枕としてお話ししているのですが、実は妊娠中の生活習慣に絡んでくる要素もあります。

妊婦さんが夜中にごはんを食べると血糖が上がり、胎児も高血糖にさらされることになります。おなかの中にいるときは、お母さんのサイクルに合わせて自分の血糖もコントロールされるようになっているのですが、生まれた後は自分でおっぱいを飲んで、自分で血糖を管理しなければいけなくなります。だいたい1～2ヵ月で、赤ちゃんは自分のサイクルを体得し、自然に血糖コントロールできるようになります。

もし、おなかの中で高血糖状態にさらされることが多いと、その後で急激に血糖値が下がる「低血糖の発作」を起こしやすくなるのです。これは生まれた直後の問題点として限定されるのですが、生まれた時点で赤ちゃんが低血糖、さらにそれに気づかなければ、脳性まひになる危険性もあります。

妊娠中は「早寝早起き腹八分」を心がけてほしいものです。実は、ここでダンナが協力できることが一つあります。「嫁ハンに夜遅く晩ごはんを付き合わせない」ことです。

妊婦健診の栄養指導時によく聞くのは、

「ダンナの帰りを待って、夜遅くに一緒にごはんを食べているんです」

という妊婦さんの話。これでは胎児の血糖管理によろしくない。なので、ダンナは、

「遅くなるから先に食べといて」

というスタンスを心がければいいと思います。嫁ハンには夜遅くまで帰りを待たせず、ごはんもさっさと食べてもらってください。これも立派な子育てへの協力態勢の一つです。

「風疹」未接種世代の問題

2013年に「風疹」が大流行したことを覚えているでしょうか。患者数は全国で1万4357人にまでのぼり、新聞やテレビのニュースでもかなり取り上げられました。

「風疹」の何がいちばん問題になるかというと、20〜40代の妊娠可能な男女に罹患率が高いという点です。しかも、2013年大流行のときは、患者の約70%が男性でした。同年の国

の調査によれば、30〜40代男性の約16％が風疹の免疫をもっていないことがわかったのです。

これは、風疹ワクチン接種を受けていない、空白の世代がいるからです。もともと風疹ワクチン接種は1976年から始まり、1977年から女子中学生に対する集団定期接種が始まりました。つまり、女子だけ。1979年4月1日以前に生まれた男性は接種の機会すらなかったのです。

また、その後、予防接種法の改正に伴い、集団定期接種が中止された時代もありました。医療機関での個別接種という形になったため、男女ともにワクチン接種率が低い世代もいるのです。その間は、経過措置として限定した世代が接種対象になるなど、すべての人が受ける機会がなかったというのも問題です。特に接種率が極めて低いとされるのが、1979年4月2日〜1990年4月1日に生まれた男女です。

1995年4月以降は生後12〜90ヵ月未満の男女に風疹ワクチンが接種されることになったので、空白の世代というのはザックリいえば、現在20代後半〜40代。つまり、妊孕能《にんようのう》の高い世代（子供をつくるメイン世代）が風疹の免疫をもっていない可能性が高いということです。

では、「風疹」と「妊娠」で、何が問題になるのか。「風疹って、三日ばしかのことでしょ?」と軽視してはいけません。妊娠中に風疹にかかった場合、風疹ウイルスが胎児にも感染し、「先天性風疹症候群」をもたらすからです。

先天性風疹症候群の主な症状は、「目が見えない(白内障や緑内障、網膜症)」「耳が聞こえない(難聴)」「心臓に奇形が出る(先天性心疾患)」です。これ以外にも糖尿病や肝機能異常、発育遅滞などの症状もあります。妊娠初期にかかると発症すると言われていますが、妊娠後期だからといって安心できるわけではありません。実際に妊娠後期の感染でも、同様の症状が起こる可能性があります。

国立感染症研究所によれば、1999年4月~2014年10月に先天性風疹症候群は全国で64例も報告されています。特に大流行した2013年には32例。東京や大阪など大都市に多くみられるようですが、一つ言っておきます。ここまで風疹が流行し、それに伴って先天性風疹症候群が一気に増えたと報告されるのは、先進国の中でも日本だけ。2013年の大流行時、アメリカは日本への渡航注意情報を発表したほど。これは国辱モノですよ。

ただ、目が見えない、耳が聞こえないという症状は、赤ちゃんがある程度大きくなってからでないとわからないものです。数字はあくまでその時点での報告例であって、もしかしたら潜在的な患者数はさらに多いかもしれないのです。

ダンナが率先してワクチン接種を

「じゃあ、嫁ハンがワクチンを打てばいいやん」という話なのですが、風疹のワクチンは妊娠している可能性がある場合には打てません。妊娠していないことが明らかでない限り、ワクチン接種は受けられないのです。

これは、風疹のワクチンが「生ワクチン」という特殊なものだからです。ワクチンには「不活化ワクチン」と「生ワクチン」があります。不活化ワクチンは、細菌やウイルスを殺して毒性をなくし、免疫に必要な成分を取り出したものです。一方、生ワクチンは細菌やウイルスの毒性を弱めたもので、いわば病気にかかった状態にして免疫力をつけていくものです。

生ワクチンなので妊婦が接種すると、赤ちゃんにも届くという報告もあって、厚生労働省は「妊婦への風疹ワクチン接種はやめてください」という見解になっています（ただ、いまだかつてワクチンによって赤ちゃんに問題が起こったという報告は一例もありませんが）。

そのため、妊娠可能な年齢の女性がふらっと病院へ行って、「風疹ワクチン受けたいんですけど」と言っても、明らかに妊娠していないことがわからない限り、接種してもらえません。

さあ、ここでダンナの出番です。この本を手に取ったあなたは、ワクチンは積極的に打ってください。自分がかつて風疹にかかったかどうか、風疹の予防接種を受けたことがあるかどうか。自分でも記憶が定かでないし、オカンに聞いてもわからないケースもあるでしょう。医療機関では風疹に対する抗体があるかどうかを調べる抗体検査もできます。

これから結婚しようと思っている彼女がいる人、これから妊娠するかもしれない嫁ハンがいる人、今妊娠中の嫁ハンがいる人、妊娠を計画している人が職場など周囲にいる人……こうしてみていくと、ほとんどすべての男性に当てはまるかもしれませんが、いつどこで誰にうつすかうつされるかわからないものだということを肝に銘じてください。

はっきりとしたデータはありませんが、「海外出張で感染したダンナから嫁ハンにうつった」「会社でうつされてきたダンナからもらってしまった」など、「ダンナ↓嫁ハンへの感染ルート」は少なくないようです。つまり、ダンナはウイルス感染の防波堤として、非常に重要なキーパーソンとも言えるのです。

風疹ワクチン接種も抗体検査も、自治体から補助が出るケースも多いので、お財布にそんなに負担をかけるものではありません。なかには無料接種を実施している区や市もたくさんあります。接種対象や補助金額、実施期間などは、住んでいる市町村のホームページでチェックしてみてください。

予防できるものは予防しましょう。妊娠出産は予測不能のトラブルが多いのですが、風疹に関しては確実に予防できます。防ぐ方法があるのです。これも嫁ハンをいたわってあげることの一つです。

嫁ハンはウイルスと闘っている

風疹の他に、サイトメガロウイルスやトキソプラズマ原虫など一部の感染症は、胎児に及ぼす影響が大きいです。赤ちゃんを守るためでもあり、生まれた後でお母さんが自分を責めて過ごすことがないよう、防げるものは防ぐ。最大限の注意を払いたいものです。

では、風邪やインフルエンザ、ノロウイルスなどはどうでしょうか。実際、これらの感染症は妊婦さんがかかったとしても、胎児に大きな影響を及ぼすことはあまりありません。

ただし、妊娠中は免疫力が下がっているため、ウイルスに対して非常に弱くなっています。そもそも妊娠中というのは、おなかの中に赤ちゃんという異物を受け入れて、育てている状態です。自分とは異なる生命体である胎児と胎盤は、免疫学的には異物なのです。

そのため、母体は赤ちゃんに対する免疫能力をある程度低くして、妊娠を維持しようとします。特に免疫力のうち「細胞性免疫（抗体と関与しない免疫機構）」が弱まっているため、感染症やがんにかかりやすくなるというリスクも抱えてしまうのです。

本来であれば、なんともない、あるいは軽くやり過ごせる程度の風邪でも、妊娠中は別物。高熱で寝込んだり、重症化しやすいという問題点もあるのです。

たとえば、妊婦さんがインフルエンザにかかったとします。インフルエンザウイルスが胎児にまで回ることはほとんどありません。ただ、妊婦さんは40℃を超える高熱が出てしまいます。妊婦さんの体温が40℃を超えたとき、胎児はどうなるでしょうか?

一般的に、深部体温(体の中の温度)は、「表面体温プラス2℃」といいます。妊婦さんが40℃なら42℃。サウナ状態とまではいきませんが、長時間高熱にうなされているような場合は、胎児もそれ以上に高体温になっていると考えてください。あまりに体温が高い状態が長く続くと、胎児の神経細胞に悪影響を及ぼす可能性も出てきます。

まずは熱を下げること。とにかく体を冷やすようにしてください。熱中症のときのクーリングと同じで、首やわき、太ももののつけ根など、太い動脈がある場所を冷やしてください。あるいは病院に行って、抗ウイルス薬を処方してもらうなどの対処が必要です。放置すれば、妊婦さんが肺炎やインフルエンザ脳症などになる可能性もゼロではありません。

インフルエンザ接種のメリット

予防策としては、インフルエンザワクチンを受けることです。嫁ハンもダンナも受けておくのがベストです。インフルエンザワクチンは妊娠中でも打つことができます。

なかには、「妊娠中は打たないほうがいい」という頭のよろしくない医者もいるようですが、その根拠を聞いてみると、とんでもない理由が飛び出してきました。

「防腐剤が入っているから」

はぁ？　防腐剤が入っていようがいまいが、胎児にも母体にも影響はありません。これはきちんとデータが出ていますし、ＷＨＯ（世界保健機関）でも「インフルエンザワクチンこそ妊娠中に受けるべきだ」と提唱しています。多くの医療機関で、３０００円前後で接種できます。

もちろん、ワクチンなので、体に合う・合わないなどの細かい部分はあるかもしれませんが、僕としては「打つリスクより、打たないリスク」のほうがはるかに高いと考えています。インフルエンザワクチンは感染を予防するというよりは、重症化するのを防ぐというメリットのほうが大きいのです。妊婦さんやその家族にとっては、大切なことなのです。

僕も年に2回インフルエンザワクチンを接種していますが、たいがい年末の忘年会のどこかでうつされて、発熱します。風邪もひきやすい体質なのか、しょっちゅうひいています。後輩からは、「荻田先生は風邪をひいてるんじゃなくて飼っている」と言われる始末。

ワクチンを打つことと、流行時には「マスクと手洗い」をするしかありません。うがいは効きませんので、あまり意味がありません。

では、風邪やインフルエンザ、ノロウイルスなどに感染して、発症したらどうすればいいでしょうか。これらはたいてい、せきやくしゃみの飛沫感染で広がります。家庭内でもマスクをするなど、家族にうつさないようにしましょう。

嘔吐や下痢がある場合は、必ずトイレで。そして、排泄物を流すときは便器のふたを閉めてから流してください。実は洋式便器の場合、フタを開けたまま流すとウイルスが飛び散り、そこから感染する可能性もあるのです。感染者の汚物を処理し廃棄するときは、ゴムやビニールの手袋をつけましょう。

まあ、このあたりは健康意識の高い人であれば普段からやっていることなのでしょうが、妊婦さんのいる家庭ではより徹底しましょう。

ダンナは外からウイルスを家庭内に持ち込まないために、マスクをつけてください。そしてこまめに手洗いを。アルコールなど除菌殺菌系にこだわらなくても、しっかり丁寧に洗うことを心がけてもらえれば大丈夫です。

第二章　嫁ハンに山あり谷あり40週

嫁ハンと妊婦健診に行ってみよう

妊婦健診というのは、妊娠してから、胎児と妊婦さんに病気がないかを定期的にチェックするものです。厚生労働省では、妊娠23週までは月に1回、24〜35週は2週間に1回、36週以降は週1回で、合計14回を標準としています。

ダンナが頻繁に付き添ってくる妊婦さんもいれば、まったくダンナが来ない妊婦さんもいて、その辺の事情は人それぞれですから、医者がとやかく言うことではありません。ケースバイケースということで。ただ、個人的には、ダンナに1回くらいは嫁ハンに付き添って、妊婦健診に来てみてほしいなと思います。

嫁ハンに直接言えないことや聞きたいことがあれば、ダンナが担当医に直接相談するいいチャンスにもなります。嫁ハンもひとりじゃない安心感も得られるのではないでしょうか。とはいえ、距離感は大切。毎回毎回べったり付き添って、内診室にまで入ってくるのはちょっと考えもの。ウザがられてしまうこと間違いなし。

特に大きな問題もなく、リスクも低く、順調に育っているようであれば、基本は嫁ハンに任せて、嫁ハンが「付き添ってほしい」というときには全力で送り迎えをし、サポートをすればいいのではないでしょうか。

「超音波検査」は原則4回

おなかの中の赤ちゃんを画像や映像で見ることができるのが超音波（エコー）検査です。最近は3Dや4Dといった、かなりリアルに映し出せる超音波も一般化したようです。

ただし！　基本的には胎児と妊婦さんの健康をチェックすることが目的ですから、妊婦健診全体の中で超音波検査は原則4回しか認められていません。

そもそも超音波検査で何がわかるのか、知っていますか？　実は大した情報は得られないのです。胎児の病気や異常を発見するのに決して完璧ではありません。一つだけ診断精度が上がったと言えるのは「口唇裂・口蓋裂」（後述）の発見でしょうか。3Dは「レンダリング」といって、胎児の表面を精密にチェックできるため、顔や体のちょっとした凹凸などを細かく映し出すことができるからです。

超音波はあくまで「スクリーニング検査」であって、順調に育っているか、問題がないかを診察するためのものです。これを健診のたびに行うと、むしろ所見を逃してしまう可能性もあります。たとえば、あまり体重が増えていない場合でも、毎回画像で見てしまうことで、問題を認識しづらくなることもあるのです。基本的に、超音波検査にはチェック項目がそれなりにあるのですが、超音波に熱心な担当医が、毎回その項目をチェックしているかどうかはまた別問題です。

アメリカに行ったとき、産科医に「超音波検査ってなんぼするの？」と聞いたことがあります。なんと僕がたずねた施設では、1回1000ドル。約12万円ですよ！　彼らは言いました。

「超音波は赤ちゃんの個人情報をみるためのもので、羊水検査と同じ値段設定です。だからむやみにはやりません」と。逆に、日本での超音波検査の値段を伝えたところ、「ふざけるな、それじゃ技術の切り売りだ。そんなに安価で頻繁にやられたら、逆に迷惑だよ」とまで言われてしまいました……。

もちろん日本にもきちんとした専門医はたくさんいます。驚くほど正確に胎児診断をする先生もおられます。要は「超音波検査は赤ちゃんのもの」ということを忘れないでください。

妊婦さんでも「今日は超音波やらないんですかぁ？」という人が多いです。必要がないことを伝えて納得してくれる方もいれば、クレームとして残していく方もいらっしゃいます。僕はそれで上の人たちから怒られたり、謝らせられたりもしています……。

一つ不思議だなぁと思うのは、自然派志向の妊婦さんで、整腸剤一つに過剰反応するような人がいらっしゃるのですが、この手の人たちはなぜか超音波だけにはとても寛大です。

「ビ●フェルミンなんて飲んで、おなかの赤ちゃんは大丈夫なんでしょうかッ⁉」と言う人はたくさんいても、「超音波をしかも毎回健診時に当てるなんて大丈夫なんでしょうかッ⁉」という人はひとりもいないんですよね……。

もちろん、超音波検査が本当に必要な妊婦さんもいます。チェックが必要な人は、週2回は超音波検査をしないといけない。でも大半の妊婦さんは、原則妊娠期間中4回で十分。それがなかなか伝わらないのは、産科医として常に忸怩《じくじ》たる思いです。

超音波の写真をもらうのが楽しみになっていて、成長記録のコレクターのような人もいますからね。一方で、「4D写真⁉　はーもうそんなのどっかいっちゃったよ。慣れない子育てに追われて、それどころじゃないんだよーっ！」という方もいます。

超音波検査にあまり過剰な期待をしないことです。でも、ダンナは付き添うとしたら、超音波検査のあるときがいいかもしれませんね。基本、ダンナは健診に来ても、やるべきことが一つもありませんから。

僕が個人的に面白いなと思う光景は、健診に連れてこられたダンナです。たいていどう振る舞うのがいいのかわからないまま、嫁ハンのカバンを両手に抱えて、ボーッとつっ立っています。超音波を見せたときには、健診に慣れてきて勝手知ったる嫁ハンに「アンタ！　ほら、ここに顔が見えるでしょ！」と言われて、「おお……」と戸惑いながらもつぶやく。微笑ましいでしょう?

性別は生まれるまでわからない

多くの人が気になる「赤ちゃんの性別」ですが、実は生まれてみないとわかりません。日本遺伝学会では「出生前に性別を言ってはいけない」ことになっています。日本産科婦人科学会でも「症例に応じて告知する」と決まっているので、基本的には医者は性別を伝えないスタンスになっているのです。

というのも、性別の診断率があまり高くないから。性別を告知しても違っているケースは多々あるのです。

女性の大陰唇は男性の陰嚢と解剖学的に同じで、胎児はここが30週くらいまでは同じくらいの大きさです。超音波では判断つかないことが多いのです。さらに女性の陰核と男性の陰茎も同様ですが、おなかの中にいては区別がつきません。健診で女の子だと言われて、生まれてみたら男の子だったというケースもたくさんあるのです。

実は、この性別告知問題にはトラブルも多くて、悩みどころでもあります。

一つは、お父さんやお母さんではなく、初孫に期待と興奮を隠せないじいさんとばあさんです。いわゆる「スポンサー筋からのプレッシャー」が激しい激しい(笑)。

じいさん、ばあさんからすれば、早く性別がわかれば、服やら靴やら大量のプレゼントを買えるわけです。そこでうっかり医者が「男の子みたいですね」などと伝えて、いざ生まれてみると女の子だったら……。

「先生が男って言うたから、青いのばっかり買《こ》うたやん！」と責められても困ってしまうわけです。ですから基本的には性別を告知することはありません。少なくとも僕は言いません。

それもあって、うちの病院では、妊婦健診も立ち会い出産も何か説明するのも、基本的には「赤ちゃんの一親等＝つまり父親と母親」までとしています。もちろん、ダンナと別れた、ダンナが逃げた、ダンナがいないなど、人それぞれに事情がありますから、妊婦さんの実母などがサポーターとなるケースもあります。が、こうした場合以外は、「赤ちゃんの一親等」としているのです。うちの病院だけでなく、他にもこのスタンスでやっている医者はたくさんいます。だいたい、じじばばが出張ってきたら話がややこしくなりますやん！

そして、もう一つ、深刻な問題もあります。性別告知をする病院や医者は実際には結構いると思いますが、少なくとも21週6日までに行うべきではないというコンセンサスは一応あります。なぜなら、性別がわかった時点で中絶するという人が出てくるからです。日本では22週以降の中絶は法律で認められていません。

ただし、以前は「産み分け」、つまり希望する性別の子を選ぶお産というのもあって、このあたりの倫理観は個々の病院や医者に委ねられていたこともありました。今でも性別による命の選択がまったくなくなったかと言われれば、正直、よくわかりません。

たとえば、A病院で超音波検査を受けて、性別を告知されたとします。赤ちゃんがその人が望む性別ではなかった場合、B病院を受診して「経済的な理由で中絶したいんです」と言ったら？　B病院では21週6日までであれば、何もわからず、中絶手術を行ってしまうでしょう……。

うちの病院だけが「性別告知をしない」と真面目にやっていても、他の病院が同じポリシーでなければ、あまり意味のないことかもしれません……。それでも、妊婦さんには丁寧にお話しするしかありません。性別告知は通常しないんですよ、と。

しつこく食い下がってくる方も、もちろんいます（特にスポンサー筋のばあさんが！）。

「センセ、どうして教えてくれないんですかッ⁉」と出張ってきた場合は、しかたなしに例外的措置として、超音波検査の画像を見せることもあります。

「センセ、どっちや？　男？　女？　わからへん！」

「でしょう？　僕もわからへん（笑）」

おなかの赤ちゃんが不利益を被ってはいけない、その一心で僕は性別告知をしていないのです。これから妊娠出産を迎えるご夫婦には、ぜひ知っておいてほしいのです。医者が性別を教えないのは、決してサービスが悪いとかではないのです。本当にわからないケースもあれば、わからないというスタンスで赤ちゃんを守ろうとしていることもあるのだと。

性感染症のピンポン感染

妊娠すると、健診時に血液検査などで、胎児に重大な影響をもたらすような性感染症がないかどうかをチェックします。梅毒やＨＩＶ、クラミジアなどです。もし、嫁ハンが妊娠後に陽性となった場合は、ダンナもきちんと検査を受けて、しっかり治療を受けてください。

性感染症の厄介なところは、自覚症状が少ないことです。クラミジアや淋病はほとんど症状がなく、感染していることに気がつかない人も多いのです。しかもクラミジアは骨盤腹膜炎を起こし、卵管を詰まらせて不妊症の原因にもなります。妊娠しているときに感染すれば、流産や早産の原因にもなります。淋病は出産時にお母さんから赤ちゃんに感染（産道感染）すると、関節炎や肺炎などを起こしたり、ひどい場合は赤ちゃんが失明してしまう危険性もあるのです。

特に若年妊婦にクラミジアの感染は非常に多く、うちの病院でも約15％の若い妊婦さんに陽性反応が出ているほど。年齢とともに率は下がるとは言われていますが、40代でも１％が陽性です。ただし、妊娠中でも飲める薬があり、きっちり治すことができます。大切なのは、夫婦同時に治療をすること。嫁ハンだけが治療しても、ダンナがしていなければ、再び感染させてしまうからです。一方が治療していないと、お互いにうつし合う「ピンポン感染」が起きてしまうのです。

もちろん、これらの検査と治療は妊娠する前に受けておくというのが、医学的には理想です。でも現実はそうもいかないでしょう。産科医としては、あくまでもおなかの赤ちゃんに不都合が生じないように最善を尽くすのみです。

セックスは無理強いしない

妊娠中のセックスに関しては、賛否両論あります。一応、エビデンス（医学的根拠）から言えば、絶対禁忌ではありません。では、「妊娠中のセックスはするな！」という人の根拠を聞いてみましょう。

まず、一つめは、体位によっては嫁ハンに、いや、胎児に負担をかける可能性がありま す。二つめは、感染症の問題です。これは性感染症というよりも、普通の雑菌を無理矢理押し込めることになり、膣や子宮に入ってしまう可能性がゼロではないということです。

そして、三つめ。子宮の入り口を強く刺激すると、子宮は収縮します。また、精液（精漿）の中には、ある程度子宮を収縮させる物質も入っているため、妊娠中のセックスはよろしくないということのようです。

逆に、禁止していないところもあります。なかには、「妊娠中のセックス指南書」のようなパンフレットを渡してくれるところもあるそうです。中身は「オーラルセックスの説明書」だそうで。「それはやりすぎちゃうか？」と僕は心の中でツッコミを入れていますが。

なので、「ダメ、ゼッタイ！」とは言いません。妥協点をさぐるとすれば、「嫁ハンとよく相談して、無理強いはせず、コンドームをつけて夫婦生活してくださいね」というところでしょう。

もちろん、ダンナがしたいというだけでなく、嫁ハンがしたくなる時期も確かにあります。ちょうど卵巣から出るホルモンから胎盤ホルモンに切り替わる時期など、ホルモン変調の時期に、性欲が高まる人もいるようです。心理的には、セックスすることのプラス効果というか、ポジティブな部分もありますから、そこは否定できません。

とはいえ、乳首に触れられると痛い、おなかが張って苦しい、という嫁ハンに無理強いしてもよろしくないわけで、そこは夫婦のコミュニケーションで解決してほしい。少なくとも、人間以外の動物は「発情期」があり、それ以外にはセックスを受けつけないということになっています。その流れからすると、無理強いはしたらアカンというのが落としどころかと。

夫婦生活に関しては、僕ら産科医がごちゃごちゃ言うべき問題ではないと思っていますので、三人で（つまり、おなかの中の赤ちゃんも交えて）話し合ってください。

胎動を感じてきたらベビートーク

胎児が動き出して、おなかを蹴ったりするのが「胎動」です。だいたい18週前後で、妊婦さんは胎動を感じるようになります。なので、ダンナが外から触って感じられるようになるのは、20〜22週あたり（妊娠6ヵ月）でしょう。

そして、なんとこの時期に、赤ちゃんの聴神経が営業開始します。したがって、呼びかけや軽い刺激に対して、反応する可能性があります。だとすれば、

「ベビートーク、ヨロシク！」

ここぞとばかりに話しかけてあげてください。オヤジの刷り込み、始めましょう。

ただし、人間の脳には「ノイズキャンセル機能」というものがありまして、聞く必要のない雑音を自然にキャンセルしている可能性もあります。もしかしたら、オヤジの声やお母さんの心臓や腸の音をノイズとしてとらえているかもしれません……。

以前、乳児を泣きやませるために、お母さんの心臓の音を出す枕というのが話題になりま

したが、ノイズとしてキャンセルされている可能性もあるわけです。

実際、胎児には外界の音がどのように聞こえているのか？　おそらく風呂の中で音を聞いているような状態なので、すごく小さくて、しかもくぐもった音にしか感じていないと思います。オヤジの声だと認識できるかどうかは、残念ながらわかりません。

聞き分けるかどうかは別として、音に反応はしてくれるので、コミュニケーションはとれます。これはオヤジの醍醐味であり、一つの権利でもありますから、ＤＪよろしく、どんどんベビートークをしてみてください。

ベビートークの効用が、実はもう一つあります。おなかの赤ちゃんに話しかけるというのは、実際は嫁ハンの腹としゃべっているわけです。つまり、嫁ハンとのコミュニケーションでもあるのです。だから、話の内容は何でもいいのです。

健診に一緒にきたダンナさんで、ちょっと面白かった光景があります。超音波の映像を見せたときのことです。ダンナはベビートークをしているのですが、「あれ？　『お父ちゃんの小遣いを上げてくれ』って言ってるのかなぁ？」と、さも赤ちゃんが言っているかのように話していました。「適当な吹き替えはやめてください」とツッコミを入れておきましたが（笑）。

おそらく、嫁ハンに直接言っても聞いてもらえない。子供の言うことだったら聞いてくれるんじゃないか？　という切実な思い。当の嫁ハンは完全無視でしたけれど（笑）。
ともあれ、ベビートークはこの時期限定。ぜひ楽しんでください。

あれダメこれダメに根拠ナシ

妊娠中は何かと神経質になりがちな嫁ハンもいます。体を冷やしてはいけない、安静にしていなければいけない、化学物質が入ったモノは食してはいけないなどなど、根拠ナシの都市伝説やトンデモ情報を耳に入れてしまいがち。ロハスでオーガニックで自然派志向の嫁ハンも相当数いますからね。逆に、ダンナのほうが聞きかじったトンデモ情報に縛られて、嫁ハンを苦しめるケースもあります。

ここでは食べ物に関して、二つお伝えしておきたいと思います。

まず、一つめ。現時点で普通にお店で売っているモノに関しては、妊娠中ずっと食べていても赤ちゃんに影響が出る可能性はないと考えてください。「アメリカでは禁止されている薬品を使っている場合がある！」などと言う方もいますが、通常、店で売られているようなモノは、厚生労働省が日本でのデータもしっかり見たうえで判断しているので、何の心配もいりません。

偽装母乳事件（オエッ）が世間を騒がせましたが、むしろロハスでオーガニックを求めるあまり、インターネットで個人輸入したり、うさんくさい海外通販に手を出すほうが危険だと思います。トレーサビリティ（農産物や製造品の生産者や流通経路がさかのぼってたどれること）がしっかりしていないモノのほうがよっぽど危ない。最近はスーパーで売っている野菜でも、生産者の顔写真と住所が明記してあったりするでしょう？　そういう商品であれば、ほぼ心配のいらないモノだと思ってください。

もう一つは、「この食べ物を食べたら赤ちゃんにとっていいですよ」というモノはいくつかありますが、その食べ物単独で胎児にプラスになるようなモノは今のところ、まったく報告がありません。要するに、これさえ食べていればＯＫといった食べ物はないのです。

妊娠中に必要なのは、良質のたんぱく質とビタミン類、特に葉酸などのビタミンＢ群です。人間の体はいわば「自動車工場」みたいなものだと考えてください。

車を作るためにはまず材料が必要です。ボディの材料となる金属の他に、内部にはプラスチックなどの素材も必要になります。でも、材料さえそろえばいいのかというと、そうではありません。工場でラインを動かさなければいけません。となると、電気も必要です。人間の体で言えば、電気にあたるのがビタミン、金属やプラスチックにあたるのがたんぱく質なのです。

ざっくりした説明ではありますが、もちろん脂質や糖質、ミネラルも必要です。つまりは一種類の栄養素に偏らず、まんべんなくとることが必須なのです。

妊娠中に「あれもこれもダメ」あるいは「これさえとればOK」というのは、それこそ「フードファディズム」です。フードファディズムとは、簡単に言えば、食べ物に関する一時的な流行のこと。気まぐれな熱狂は日本でも実に多いです。納豆を食べればやせると聞けば、全国のスーパーから納豆が消えるというようなことです。

さらに言えば、食べ物や栄養成分が体に与える影響を過大評価したり、偏執的に信じ込んだりのめり込んだりすることをさしています。病気の人、妊娠中の人、お年寄りから子供まで、ちょっと健康に不安を感じている人の心の隙間に入り込むのがうまいヤツというのはいるものです。それが商売になるのですから、世知辛い世の中だなあと思うこともしばしば……。

ただし、気持ち次第ということもあります。「プラセボ効果」という言葉を聞いたことがありますか？　プラセボとは偽薬のこと。つまり薬ではないので飲んでも効果はないのですが、「これは効く薬ですよ」と言われて飲むと、効果が出たように感じるのです。あるいは実際に効果が出てしまうこともあり、人間の心理がいかに曖昧かということを表すものです。

「これは効く！」と信じて、そこにちょっとは救いがあるという程度なら、決して悪いことではありません。ただ、それを全面的に信じてのめり込んでしまうのは、極めて危険です。僕も知り合いからプレゼントされて、「血圧が下がる」というお茶を一時期飲んでいましたが、そのお茶がうたうような効果はなく、血圧はまったく下がりませんでした。下がるワケがない。僕自身が話半分にしか聞いていませんから、単純な水分とミネラル補給にしか役に立ちません。そんなもんです。

飲んだらアカン薬は多くない

食べ物のほかに、もう一つ。薬やサプリメントの話もしておきましょう。過剰に心配する妊婦さんも多いのですが、原則として妊娠中に飲んではいけない薬は限られています。

代表的なものは、血圧を下げる「降圧剤」の一部。それから血液をサラサラにする薬の一部（ワルファリン）くらいです。そのほか、抗てんかん薬やホルモン剤などもありますが、もともと服用している人の数もそんなに多くありませんし、基本的に健康で持病のない妊婦さんは、あまり神経質になる必要はありません。

では、妊娠前から持病があって服薬している人は、どうしたらいいか。たとえば、ステロイドを含めた持病の薬に関しては、それを飲んでいると妊娠できない、という薬はほとんどありません。またそれを飲んでいるからといって、胎児への影響が出るものはほとんどありません。飲む分量など、妊娠中の服薬については、持病の主治医と産婦人科の担当医に相談してください。

これは僕自身の見解ですが、過剰に恐れすぎて、薬をまったく出さない医者というのも考えものです。産科医は医学的に根拠のある正しい情報を妊婦さんに伝えるべきです。怖がらせるのではなく、ストレスを少しでも軽減するよう努めるのが、産科医の役割だと思っています。

自己判断で市販薬は使わんといて

ここで注意喚起しておきたいのは、医者からもらう薬ではなく、市販薬です。妊婦さんが勝手に飲んだり、使ってしまうと問題があるものを紹介しておきます。

まず、「ビタミンA（レチノイド）」です。これは「催奇形性」といって、赤ちゃんの体や臓器などに奇形を生じさせる可能性があります。通常量で奇形を生じたという報告はありませんが、サプリメントは手軽に服用できるため、知らぬ間に過剰摂取する危険性が高くなります。美容皮膚科などが自費診療で処方するビタミン剤や、ネットで個人輸入できるようなサプリメントは飲まないでください。妊娠中はどの段階であっても、ビタミンA（レチノイド）は禁忌と覚えておきましょう。

もう一つは、湿布薬にも含まれている「解熱消炎鎮痛薬」です。特に、妊娠後期にはこれらの薬の成分は胎児の血管を収縮させたり、腎臓に負担をかけてしまいます。

おなかがかなり大きくなってくる妊娠後期には、妊婦さんも腰が痛くなってきます。湿布薬だったら大丈夫かなと思いがちなのですが、それこそが危険。用法用量を守ったとしても、経皮吸収で薬の成分が胎児に届く可能性もあります。

実際に、妊娠後期の方がひどい腰痛で、背中一面に湿布を貼って、赤ちゃんが亡くなってしまったケースもあります。これは本当に悔しいことで、妊婦さんにきちんとアナウンスをしなければいけないことだと痛感しました。

湿布だけでなく、クリームやゲルなどの塗り薬も同様です。肩こりや腰痛に使うような薬は使わないようにしてください。また、解熱鎮痛薬の飲み薬もやめてください。

これらは「ＮＳＡＩＤｓ」と分類される薬で、一般名（成分）でいえばアスピリン、アセチルサリチル酸、インドメタシン、ジクロフェナク、フェルビナク、イブプロフェン、ロキソプロフェンなどです（他にもありますが、薬のＣＭで名前を聞いたことがあるような主なものをあげておきました）。

肩こりや腰痛で苦しいときは、むやみに市販薬を使わず、担当医に相談してください。

妊娠中の薬に関して不安な場合、電話相談などを受けている情報機関もあります。問診票の郵送などの手続きは必要ですが、専門医と薬剤師が相談に乗ってくれます。

●国立成育医療研究センター「妊娠と薬情報センター」http://www.ncchd.go.jp/kusuri

どこで産む？　は大事な選択

嫁ハンの妊娠がわかって、妊婦生活に入ります。生真面目な嫁ハンは、妊娠雑誌やインターネットでいろいろと調べ始めます。そして、目を輝かせて、ダンナにこう言います。

「私らしいお産がしたいから、病院じゃなくて助産院で産みたいの」

「せっかくだから、自宅で自然な分娩がいいと思うわ」

うんうん、嫁ハンの好きにしたってー、どこでもええがな、思い通りの出産を……って、ちょっと待ったーッ！　産科医の僕としては、ここで言いたいことが山ほどあります。

お産のリスクについては、第三章でイヤというほど詳しく述べますが、先走ってここで一つだけ解説しておきましょう。

日本では、妊産婦死亡の原因でいちばん多いのは、「危機的出血」です。これは出産の後に大量出血を起こすというものです。子宮を全摘出して出血が治まるケースもありますが、大量出血によって命を落とす妊婦さんも決して少なくはありません。

出血による母体死亡・発生場所

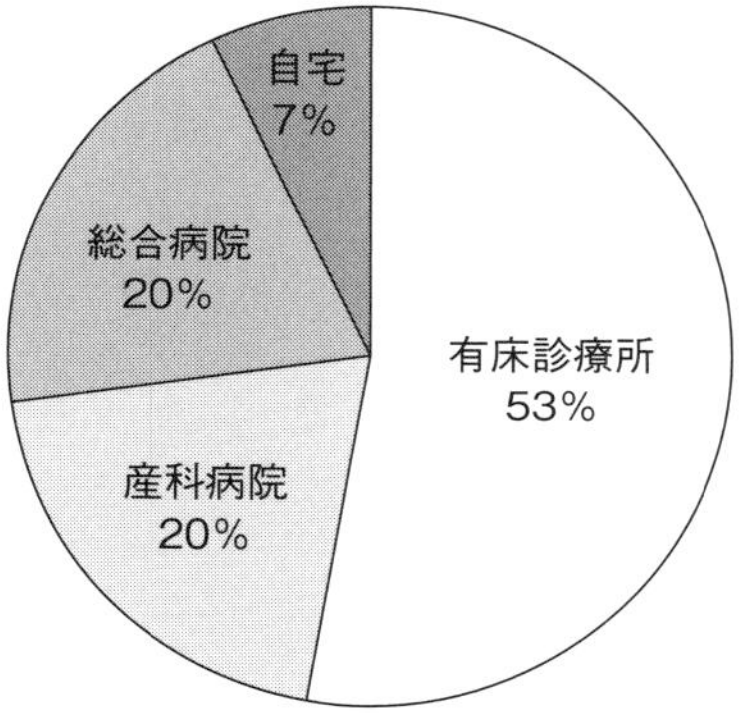

日本産婦人科医会　偶発症例調査 2010

これは「直接産科的死亡」と分類されますが、要は「お産によって亡くなる」というものです。一方、「間接産科的死亡」はもともと脳や心臓などに病気があって、それが出産時に悪化して亡くなるというもの。くも膜下出血などの脳内出血などが代表です。日本では半分以上が直接産科的死亡であり、その中でも出血による死亡が断トツに多いのです。

では、その最多の原因でもある「出血による母体死亡」は、どこで発生しているのか。

上のグラフを見てください。53%、実に半数以上は「有床診療所」で起こっています。

ほとんどの有床診療所では、妊婦さんのリスクを評価し、ハイリスク時は高次施設へ送ったりしているのですが、これを見れば、ハイリスクでなくても危険と隣り合わせなのがわかると思います。そのことを認識した上で僕の個人的意見を聞いてください。

イベント化するお産にモノ申す

「理想のお産」を描いておられる方はたくさんいます。快適でストレスなくお産をしたい、妊娠雑誌に書いてあるような「今、流行のイケてるお産」「おしゃれでナチュラルなお産」を、と思うのでしょうね。

でも、一つお伝えしておきます。理想通りにいくお産なんてありません。「こうありたい」「こうあるべき」と思っていると、それこそ理想とは程遠いお産になったときのショックは大きいと思うのです。お産がいつの間にかイベント化していることに対しては、ちょっと釘をさしておきたいと思います（釘はかなり太い五寸釘ですが）。

もちろん、お産はイベントです。記念であり、家族ができる日でもあります。イベント性を完全否定するつもりはありません。妊婦さんに満足に分娩してもらってナンボ、なのです。自分の分娩にちょっとでも納得がいかないと、その後の子育てに影響することもありますし。おめでたいことですから、華やかな部分もあっていいと思うのです。

ただし、ちょっと落ち着いた目で見てもらいたいなと思うところがあります。

「アメニティ優先のお産と、母体と胎児の安全優先のお産、どっちを選ぶ？」

ということを夫婦できちんと話し合っていますか？　どちらを選ぶかは、夫婦の問題なので「こっちにしなさい」と言う気はさらさらありませんが、最低限、リスクや万が一のときにどうするのか、意見をすりあわせておくことはおすすめします。

お産スタイル、要は分娩方式については、選ぶ材料として情報をお伝えしておきましょう。

まず、「フリースタイル」。要は分娩台の上ではなく、畳の上や床の上などで分娩に挑むスタイルですが、これはむしろいいのではないかというデータもきちんと出ています。分娩台の上で産まないと危ない、などのエビデンスはありませんから、フリースタイルに関しては僕もいいのではないかと思っています。

また、「無痛分娩」も、よくないというデータはありません。これは硬膜外麻酔を行って、分娩時の痛みを和らげる方法です。「無痛分娩だと子供を可愛いと思えず、子育てに影響する」などの都市伝説は完全に無視していいです。「お産は痛みがあってナンボ」というう、ばあさんの根性論もガン無視してください。

あとは、特殊な分娩方法でいえば、「水中出産」でしょうか。このあたりは、日本では推奨している医療機関はありません。十分に安全だといえるデータがないからです（逆に、ネガティブなデータが表に出てきていないだけなのかもしれません）。ドイツでは大学病院で水中出産を行っているところもあるので（僕も実際に見学してきました）、絶対にダメというわけではありませんが……。

実は僕も日本で水中出産をやっている病院に、当直医で入ったことがあります。赤ちゃんにしてみたら、生まれた後に体温が下がるというリスクはあるものの、ごく普通に生まれてくれれば、何の問題もありません。お母さんも、水中だからといってイキめないこともありません。

ただし、水中ということで「感染」のリスクは高くなります。最大のリスクは、赤ちゃんが万が一危険な状態になった場合は「蘇生」を行いにくくなるという点です。

実際に、僕は水中出産で常位胎盤早期剝離（前述）になったケースに遭遇しています。慌てて水中に飛び込んで、赤ちゃんの心音を測ったりと緊急事態になりました。結果としては、無事に赤ちゃんも生まれて、お母さんも元気で大事に至らずにすみましたが、僕は大量の水を飲みました。そして、思いっきり足を滑らせて転びました。いや、お母さんと赤ちゃんが無事であれば、何の問題もないのですが。あとは夫婦で話し合って決めてください。

病院選びは安全第一

ここまでくると、「じゃあ大きな病院とか総合病院がいいの？」という話になってきます。必ずしもそうとは限らない、という話もしておきましょう。

まず、お産は何が起こるかわかりません。どんなに高次機能施設、たとえばＮＩＣＵ（新生児集中治療室）やＥＲ（救命救急センター）を備えた施設であっても、救えない命もあります。施設の問題だけでなく、医療従事者の問題もあります。

これは僕の個人的な見解です。どんな病院を選んだらいいのか、と聞かれたら、「もし母体や胎児が危機的状況になったとき、きちんと対応して適切な処置と最善の努力をしてくれるところ」と答えます。

産科医としては、「帝王切開が速やかにできるか」「新生児の蘇生ができるかどうか」も重要だと考えます。周産期医療センターは、決定後30分以内に帝王切開が開始できることを努力目標とすると定められていますが、なかなか難しいのが現状です。むしろ手慣れた小さな医院のほうが素早く帝王切開を開始できる場合があります。さらに、緊急帝王切開だけでなく、普通に生まれてくる赤ちゃんの10人にひとりは、蘇生処置がないとうまく泣けない子です。こうした状況に対応できるかどうか、新生児蘇生法の研修を受けているかどうかも考慮したいところです。また、周産期専門医として、母体の蘇生に関する研修を受けていることも安心材料になるのではないかと考えます。

もちろん、救命救急や蘇生に関する認定証があったからといって、すべての妊婦と赤ちゃんを救えるわけではありません。ただ、そこには医者の心根というか、いつなんどき起こるかわからない、緊急時に備えてシミュレーションをしているかどうかという姿勢と矜持が見えてくるのではないかと思うのです。

ただし、これらはホームページなどに明記してあるものではありません。医者や病院、施設がこれらの情報を公開していないことも多いのです（理由はいろいろあります。大人の事情という……）。

実は、分娩施設については、「周産期の広場」（http://shusanki.org/area.html）が詳しいですし、周産期専門医や認定医、施設については、「日本周産期・新生児医学会」などのホームページで検索できますので、気が向いたらチェックしてみてください。

これは僕の自慢ですが、うちの病院ではこれらの資格をすべてのスタッフがもっています。助産師も新生児蘇生法の認定証を全員がもっています。研修医も同じです。新人が来たら、とりあえず研修に行って認定を受けるよう、強制しているのです。

病院の「提携」に要注意

一つ、産む場所を選ぶ際に、参考になるかなというホームページのチェック項目をこっそり教えておきましょう（こっそりではないですね）。助産院にしても病院にしても、

「○○病院あるいは○○センターと提携しています」という文言が書いてある場合、どの程度の提携をしているのか、提携先の施設に問い合わせてみるといいでしょう。電話で聞いてみてください。

実は「提携」というのが問題で、そんな関係がない場合も非常に多いのです。そもそも、緊急時には提携など関係ありません。「搬送する」のは決して提携しているところだけではないのです。もしその文言で妊婦さんの人気をとろうとしているのだとしたら、それは不誠実だと思うのです。

もちろん提携先の施設で研修を受けている医者がいるとか、ある程度お互いの施設間で密なコンタクトをとれているのであれば、「提携」と呼んでもいいのかもしれません。ただ、僕ら周産期医療センターでは、提携していようがいまいが、搬送されてきた妊婦さんは絶対に断りません。何をもって提携とするかは、はなはだ疑問なのです。

病院は都市部が万全とは限らない

医者だけでなく、一般の方でも「医療の質の地域格差」を訴える人がいます。「うちは田舎だから、そんな高次施設が近くにありません！」というのです。これに関しては、一つお話ししておこうと思います。

「医療資源が充実していると言われている都市部に、必ずしも妊婦さんにとって、充実した分娩施設があるわけではない」のです。地方では多少距離が離れていたとしても、緊急時の搬送先が少なく、あそこへ行くしかないと決まっているため、「搬送を断られる」確率が低いのです。搬送する時間というのは、要は移動時間です。距離が多少遠くても、受け入れがスムーズかつ迅速であれば、時間は短くて済みます。助かる命もあるということなのです。

逆に、都市部には緊急搬送を受け入れる施設が近距離圏内にたくさんあります。そこで受け入れ拒否ということが起こる可能性もある。これは医療従事者や医療施設の資質の問題なのですが、「うちが受けなくても他があるだろう」という甘えが生じることもあるわけです。その結果、数年前に、妊婦の受け入れ拒否、要はたらい回しで死亡する事件がいくつか起こりました。

これを問題視した東京都では、都内のいくつかの施設を、緊急救命処置が必要な妊産婦を必ず受け入れる「母体救命対応総合周産期母子医療センター」（いわゆる「スーパー総合周産期センター」）に指定しました。

もう一つ、都市部であっても、人口が多すぎて十分な医療施設が追いついていないところもあります。つまり、地方だから必要な医療が受けられないとは限らないのです。

慢性的エコノミークラス症候群

病院選びの話でつい熱くなってしまいましたが、そろそろ嫁ハンの体に話を戻しましょう。嫁ハンも言っています。「私のことはほったらかしか?」と(笑)。

妊娠中の嫁ハンの体について、どんな状態になっているのか、ダンナも知っておいてほしいものです。三つのポイントをおさえておきましょう。

まず一つめ。これは先にも触れましたが、妊娠中は「循環血漿量が通常の1・5倍」になります。体を巡る血液の量が1・5倍になるので、むくみやすくなります。心臓の悪い人であれば、心臓に負担がかかることになり、リスクの一つでもあります。

血漿量というのは、血液中の水分に当たる部分です。これが増えることで何が起こるかというと、「慢性的な貧血」です。簡単にいえば、血液が薄まっていて、水増し状態になっているわけです。妊娠前からすでに貧血気味だった嫁ハンは、かなり重い貧血になっていると考えてください。そのしんどさに配慮することが大切でしょう。

もう一つは、「血液が非常に固まりやすくなっている」ことです。胎盤というのは、いわば血液の塊です。ここに血液を集中させているのですが、万が一、出血が起こったときには血液を止めなければいけません。そのため、生体防御反応として血液が固まりやすくなっています。

これによって起こる弊害は、血管が詰まる病気です。足や下腹部の静脈に血栓ができる「深部静脈血栓」や、この血栓が肺の血管に詰まってしまう「急性肺血栓塞栓症」などのリスクが高くなります。これらはまとめて「静脈血栓塞栓症」と呼んでいますが、わかりやすく言えば、「エコノミークラス症候群」です。飛行機の狭い席に長時間乗った後に、呼吸困難やショック状態に陥るという病気です。妊娠中の嫁ハンは「慢性的なエコノミークラス症候群の予備軍」状態だということを認識しておきましょう。

三つめは、これもすでに書きましたが、「細胞性免疫の低下」です。免疫力が低下していて、がんや感染症にかかりやすくなっている状態です。

つまり、嫁ハンは24時間、40週、貧血や血栓症、感染症などと孤軍奮闘しているというわけです。

双子で覚悟すべきこと

「驚かないで聞いてね、双子なんだって」と嫁ハンに言われたら、喜びもひとしお……と言いたいところですが、双子のリスクもそれなりに知っておいたほうがよいでしょう。

まず、双子の場合は平均的な分娩週数が36週です。これはあくまで何もない、順調な双子の場合ですが、ということは何を意味するか？　半分以上の子が「10ヵ月未満で生まれてしまう」ということ。つまり未熟児で生まれる確率が高いのです。

また、双子の場合、妊婦さんへの負担が2倍というよりも2乗と考えてください。高血圧（妊娠高血圧症候群）になりやすく、循環血漿量も単胎の場合よりも当然のごとく増えます。出産後の出血も多く、さまざまなリスクが高くなります。

つまり、ダンナが覚悟しておくことは、「嫁ハンが長期入院になる」「未熟児で生まれるリスクに備える」です。

分娩方法も病院によって異なりますが、基本的に双子は帝王切開という施設が多いです。うちの病院も帝王切開と決めています。というのも、経膣分娩にした場合、ふたりめの赤ちゃんの状態が悪くなってしまうからです。

なかには、胎児の体位によって、帝王切開にするか経膣分娩にするか決定するところも結構多いです。双子の頭の位置が揃っていれば経膣分娩、どちらかが逆子の場合は帝王切開という基準にしているようです。

単胎でもそうですが、さらに双子となると、おなかはパンパンに膨らみます。皮膚は引き伸ばされて、炎症を起こし、皮がむけてかゆくなる人も多いです。かきむしって膿が出るようなケースもあって、本当に妊婦さんは大変です。乾燥がかゆみのトリガーになると言われているので保湿剤を塗ってもらっていますが、なかなか炎症は防げません。この際思い切って「腹帯」を巻くのをやめるほうがいいかもしれません。さらしって結構皮膚刺激になりますから。だいたい神社から腹帯をいただいて巻いているって日本だけなんですよね……。

統計的には、アジア人は双子が少ないと言われていて、特に日本人は少ないそうです。欧米人に比べて、6分の1くらいの確率だと言われています。体格を考えれば、日本人は欧米人に比べて体が小さいので、双子以上の赤ちゃんをやりくりするのは相当の負担です。それだけリスクが高くなるという認識をもってください。

余談ですが、昔は多胎児もいました。昭和の時代には五つ子ちゃんがドキュメント番組で取り上げられたりしていましたが、当時の多胎児はおそらく排卵誘発剤の影響です。最近の不妊治療では、成功率が上がっているので、三つ子以上は極めて少なくなりました。お産にも時代の流れはあるのです。

男には絶対耐えられない「陣痛」

嫁ハンの体が「いざ、お産!」という準備が整ったときに、陣痛が起こります。実は、陣痛がなぜ起こるのか、科学的な理由はまったくわかっていません。陣痛がなぜ起こるのか、そしていつ来るのかがわかれば、予定日もわかりますよね? わからないからこそ、満月だの満ち潮だの眉唾が入り込む余地が生じてしまっているのでしょう。

陣痛の定義としては、「1時間に6回以上、ないしは、10分に1回以下の子宮の収縮」です。これは子宮収縮の痛みだけでなく、子宮口が開いていく過程の痛みです。お産の経験がある経産婦の場合は子宮口が3cm、初産婦は子宮口が3〜10cmの全開大まで開いたら「分娩」となります。この状態になるまでに、平均して経産婦は6時間、初産婦は8時間、周期的に起こる陣痛を味わうことになります。

これは男には想像つきません。おそらく男が体感したら、即死するレベルの痛みです。解剖学的に言うと、睾丸を2分間に1回蹴り上げられるような痛みだと思ってください。僕自身も経験していませんが、蹴り上げられる、あるいは思いっきりギューーッと握りつぶされるような痛みだと言われています。

そんな想像を絶する痛みに耐えている嫁ハンに、さあ、ダンナはどうする？

「2分間に1回……キ●タマを蹴られたら……自分だったら腰をさすってほしいかな……」

「だったら、嫁ハンの腰、さすってあげなはれ！」

と、ダンナをエンカレッジしていくわけです。

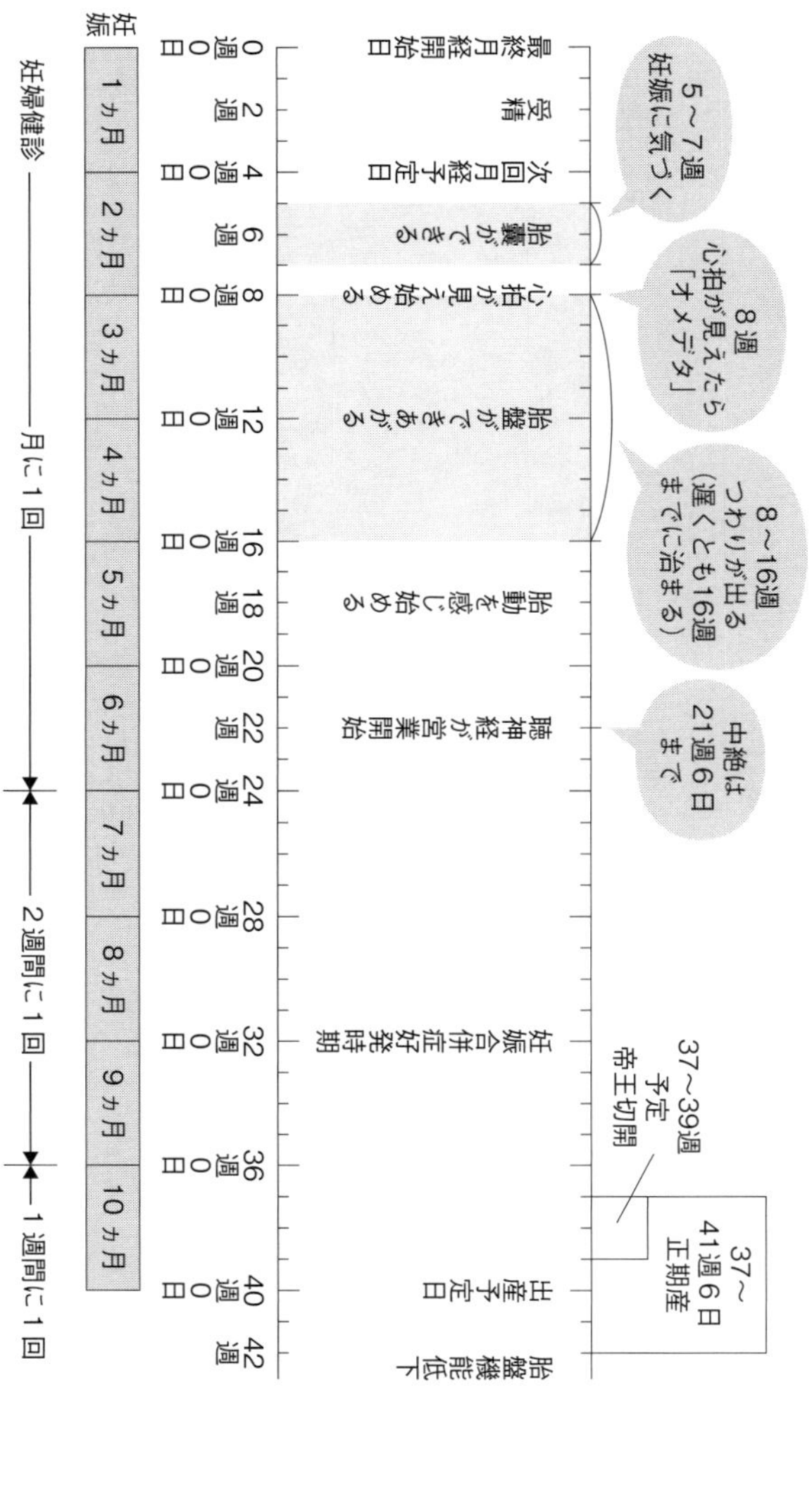
5～7週 妊娠に気づく
8週 心拍が見えたら「オメデタ」
8～16週 つわりが出る（遅くとも16週までに治まる）
中絶は21週6日まで
37～39週 予定帝王切開
37～41週6日 正期産
最終月経開始日
受精
次回月経予定日
胎嚢ができる
心拍が見え始める
胎盤ができあがる
胎動を感じ始める
聴神経が営業開始
妊娠合併症好発時期
出産予定日
胎盤機能低下
0週0日
2週
4週0日
6週
8週0日
12週0日
16週0日
18週
20週0日
22週
24週0日
28週0日
32週0日
36週0日
40週0日
42週
妊娠
1ヵ月
2ヵ月
3ヵ月
4ヵ月
5ヵ月
6ヵ月
7ヵ月
8ヵ月
9ヵ月
10ヵ月
妊婦健診
月に1回
2週間に1回
1週間に1回

第三章　ダンナも知るべし「お産のリスク」

車に気ぃつけて帰りや〜

この章では、お産に関するリスクを詳しく説明していきます。ただ、これから妊娠出産に臨む人を怖がらせてばかりではいけないと思っています。リスクを知らせる啓発活動は大切なことなのですが、最初に一つ、お伝えしておきます。

お産は確かに命がけではありますが、そんなに怖がる必要はありません。昔の、それこそばあさんたちの時代（出産で命を落とす人が多かった時代）とは違って、お産はかなり安全になりました。

というのも、日本では「お産で死ぬリスクは交通事故で死ぬリスクと同等かそれ以下」だからです。

さまざまなリスクを評価する場合、何と何を比べるかというのは重要です。僕は講演などで説明するときに、次のような話をしています。

「たとえば、これから車で買い物に出かける人に、『命がけだね』と声をかける人はいません。シートベルトをしっかり締めて、法定速度と交通ルールを守っていれば、そこまで心配することではないからです。もらい事故に巻き込まれない限り、死ぬようなことはありません。

単純に死亡率の比較でいえば、お産はこれと同等かそれよりもさらに死ぬ確率が低いということです。そこは自信をもって、日本の周産期医療を誇ってもらっていいと思います」

そもそも、日本人を含むアジア人は欧米人に比べると、体も小さく、お産に向いていないと言われています。特にヨーロッパの人と比べると、平均身長でも10㎝くらい違いますよね。それだけ体格差があるにもかかわらず実は赤ちゃんの平均体重はあまり変わりがないのです。それだけ日本人にとっては、お産の負担が大きいのです。

それでも日本の周産期医療が断トツで質が高い（死亡率が低いなど）ということは、推して知るべし、安心してください。

お産のリスクに関しては、ネガティブな話が多くなってしまいがちなのですが、こうしたいちばん基本的でポジティブなところはおさえておいてほしいのです。

そして、妊娠は病気ではありません。なので、妊婦さんは「患者さん」ではないのです。少なくとも僕らは、患者さんとは呼びません。他の病院ではどうかわかりませんが、なかには「クライアント」や「パートナー」と呼ぶところもあるそうです。

僕は妊婦健診にきた人や、出産して退院していく人に対して、「お大事に」とは決して言いません。病気ではありませんからね。いつも「車に気ぃつけて帰りや〜」と言うのです。

「子宮外妊娠」は流産と同じ

妊娠検査薬で陽性反応が出ても、通常の妊娠ではないケースがあります。それが「子宮外妊娠」です。今は「異所性妊娠」と呼びます。子宮とは別の場所に受精卵が着床する場合もあれば、子宮の中でも頸管（子宮の入口）や瘢痕部（手術の痕）に着床する場合もあります。子宮外でも子宮内でも、着床する場所が悪いと、同じ経過をたどることになるので、「異所性妊娠」と言うようになりました。異所性妊娠が起こる確率は1～2％と言われています。

残念ながら、異所性妊娠は受精卵がどうやっても育ちません。妊娠ではなく、流産ととらえてもらったほうがいいです。つらいことではありますが、放置してよいものではないのです。次の妊娠のために、そしてお母さんの体のために、治療が必要になります。

「せっかく妊娠したのに……受精卵を移し替えられないのでしょうか？」

という質問をされることもありますが、これればかりはどうしようもないことなのです。

ただし、妊娠週数がまだ浅くて、早期発見であれば、内科的な治療が可能です。これは筋肉注射で発育を抑える治療です。妊娠6週くらいまでは、この注射による高い治療効果が望めます。うちの病院でもこの治療が非常に多いですし、世界の先進国でもこの治療が基準になっています。

もちろん、注射によって抑えられないケースもあります。注射をうっても4割くらいは、おなかの中で出血し、痛みがひどくなることがあり、出血量が多い場合は手術に踏み切ります。「おなかの中での出血が多い場合」、「痛み止めが効かないほどの激痛がある場合」は開腹手術が必要なのです（腹腔鏡下手術が可能な場合もあります）。

着床した部位や出血などの状態にもよりますが、「子宮外妊娠で二度と妊娠できなくなった」というのは昔の話。異所性妊娠の7～8割は、「卵管膨大部妊娠」です。卵管そのものを切り取るのではなく、問題のある部分だけ切開して処置すれば、卵管の機能は失われません。手術後でも卵管が正常に機能したケースはたくさん報告されていますから。

あまり楽観視できないのは、異所性妊娠は大出血するケースが少なくない点です。病棟で心肺停止になった方もいますし、年間数人が亡くなっているというデータもあります。

嫁ハンから「子宮外妊娠だった……」と言われたら、ダンナとしては、とりあえずいつでも連絡が取れるようにしておく、手術・入院・輸血が必要になる可能性も考えておくなど、バックアップ態勢をとっておいてください。

異所性妊娠に関して、何かポジティブなメッセージをお伝えしたいのですが、残念ながら予防の手立てもなく、防ぎようがありません。一定の確率で起こりますし、一回なったらもう起こらない、とも言いきれません。特に、子宮や卵巣にトラブルがある人は、異所性妊娠が起こりやすい傾向もありますから。

いずれにせよ、異所性妊娠の可能性については、夫婦で話し合っておくことが必要です。

「流産」は意外と多くて約15％

流産についても知っておきたいことはいくつかあります。まず、流産する確率は意外と高いということです。妊娠全体の15％前後が流産に至るという統計もあり、流産を経験する女性はかなり多いのです。

医学的な定義としては、「22週よりも前に妊娠が終わること」をさします。特に12週未満の流産が最も多く、流産全体の約80％という統計もあります。ごく普通の健康で若い女性であっても、受精卵の5個に1個は赤ちゃんが育たない卵があるのです。妊娠初期はこうした受精卵のトラブルを含めて、約15～20％が流産するといわれています。

初期の流産に関しては、何か原因があったというよりも、もともと受精卵がそういう運命だったと思ってください。受精したときから、もっといえば精子や卵子の段階で、染色体などに異常があり、赤ちゃんとして育たない運命だったのです。嫁ハンが働いていたから、体を冷やしたから、運動していたから、流産したのではありません。そんな因果関係はまったくないのです。

僕は流産の説明をするときに、心拍が見える前と心拍が見えた後では接し方を変えています。心拍が見える前、つまり8週くらいまでの初期の流産については、前述した内容をシンプルに説明します。自分の生活習慣や行いを責めてしまう人も多いので、できるだけ心の負担を取り除くよう配慮します。

心拍が見えた後は、やはり「子宮内胎児死亡」となるため、それなりのカウンセリングが必要だと考えています。できればダンナもその場にいてくれたらいいなぁと、僕は個人的には思っています。

自覚症状がない「稽留流産」

妊娠初期の流産の中でも、出血や腹痛などの自覚症状がない「稽留《けいりゅう》流産」というのがあります。これは産婦人科で診察して初めてわかるものです。胎児が育っていない、あるいは子宮中で亡くなっているという状態です。

稽留流産の場合、病院によっては対処が異なるケースもあります。基本的には、子宮の中の内容物を取り除く手術を行うか、自然に出血して排出されるのを待つか、です。

前者の子宮内容除去手術は、日帰りで行うケースもあれば、入院が必要になるケースもあります。これは妊娠週数や子宮内の状態、また医療機関によって異なります。次の妊娠を望む場合、早めにリセットできるというメリットがありますが、デメリットとしては子宮内を掻把するという点。これが次の妊娠に影響する可能性もゼロではないからです。

後者の排出を待つ方法は「待機的療法」といいます。赤ちゃんが育たなかった場合、その内容物は出血を伴って排出されるので、経過を見ながら自然に待つというもの。僕はこの方法をできればすすめたいと思っているのですが、デメリットもあります。「いつ出血が起こるかわからない」という点です。自然に任せるわけですから、いつ腹痛が起きて、出血が起こるかわかりません。そうすると予定が立てにくく、仕事をしている人にとっては不安も大きいと思います。

また稀に、受精卵の成分が母体に侵入して合併症を引き起こす場合があります。

さらに、自然に排出を待っても、内容物がすべて排出しきらないケースもあり、結局手術が必要になるというリスクもあります。

これらを説明したうえで、予定を立てて早めに手術を受けるか、経過観察をしながら排出を待つか、を患者さんに（この場合は患者さんです）選んでもらうようにしています。

出血や破水で気づく「切迫流産」

妊娠初期にナーバスになりがちなのは、軽い腹痛や少量の出血です。実は正常な妊娠でもこれらが起こることがあり、あまり神経質にならなくてもいいと考えられます。

もちろん、これが流産の結果として起こる場合もありますが、その段階では医療機関での対処法はありません。ただし、腹痛がかなり激しい場合は異所性妊娠の可能性もありますので、注意が必要です。

また、「切迫流産」というケースもあります。これは、胎児がおなかの中にいるのですが、流産になりかけているという状態です（22週未満）。いわゆる普通の流産と異なり、切迫流産は妊娠を継続できる可能性があるのです。出血で気づく場合もあれば、破水（羊水が出てしまうこと）して気づくこともあります。

子宮収縮抑制剤を使って、妊娠期間を延長させる処置も行いますが、実は切迫流産にはあまり効果がありません。特に、妊娠12週までの切迫流産の場合、有効な薬はなく、経過観察をするしかないのです。

破水したり、子宮の中に血腫があるような場合は、入院して絶対安静という形になります。ただし、完全破水したら胎児は助からない可能性があります。22週未満の場合は流産、22週を超えると死産となります。

残念ながら、切迫流産は予測不可能です。嫁ハンが切迫流産と診断されたら、長期入院や未熟児になる可能性、あるいは最悪の場合、流産や死産になるという覚悟も必要です。

妊婦に持病がある場合

妊娠中のリスクはまだまだ続きます。「こんなにリスクばっかり？」と辟易《へきえき》するダンナもいるかもしれません。

でも、これを知っているかいないかで、心持ちも変わってくるのではないかと思います。ハイ、そうなんです。リスクはぎょうさんあるんです。

これらがまったく当てはまらない、健康優良体そのものの嫁ハンがいるならば、その幸せを存分に噛みしめてください。

「妊娠合併症」について、解説しておきましょう。各論の前に、結論からいえば、「妊娠そのものは病気ではないので、病気が妊娠に与える影響と、妊娠が病気に与える影響をきちんと理解していれば怖いことはない」のです。

まずは、嫁ハンにもともと持病があった場合です。もともと心臓が悪い人や、肺や呼吸器系の病気がある人などは、普通の妊婦に比べると、ちょっと息苦しさを覚えたり、息がつまったりするリスクが高いです。これは循環血漿量が増えているから。妊娠中は通常よりも心臓や肺に負担がかかっていると思ってください。

また、血管の病気がある人は、妊娠で急速に悪化する場合があります。これはいちばん怖い。というのも、血管がもろい、詰まりやすいなどの持病がわかっていればいいのですが、実はわかっていないケースも多いのです。脳動脈瘤（脳の血管に塊がある）があれば、脳出血に直結しやすくなりますし、命にかかわる状態になりやすいといえます。

もう一つ、持病率として高いのは、自己免疫疾患（リウマチや膠原病など）やアレルギー（ぜんそく・アトピー性皮膚炎など）です。実はこれらの持病に関しては、妊娠によって症状が軽くなる人もいます。というのも、胎盤から大量のステロイドホルモンを出しているからです。自前のステロイドで持病の症状が軽減する可能性もあるのです。

ただし、症状が軽くなってラクになるのは約3分の1の人。そして3分の1は症状に変化はないといいます。……ということは、残りの3分の1の人は……実は症状が悪化してしまうのです……。この話を妊婦さんにすると、「なんや、いい話かと思ったら、どないやねん！」とド突かれます（笑）。確かに、「晴れのちくもりのち雨」みたいな話です。

持病がある嫁ハンは、普段から使っている薬について、担当医にしっかり相談してください。降圧剤や抗凝固剤など、妊娠中に禁忌とされる薬も一部ありますので、飲んでいる、あるいは使っている薬を健診時に直接持っていくか、お薬メモを持っていくとよいと思います。

妊娠を機に発症する合併症

次は、持病があるケースではなく、妊娠したことによって引き起こされる病気について説明しておきます。

まず、「妊娠高血圧症候群」です。文字通り、血圧が高くなります。妊娠20週以降で、血圧がなんとなく高いなと感じたら、これだと思ってください。高血圧の基準は、上が140㎜Hg以上、あるいは下が90㎜Hg以上になった場合なのですが、家で測って上が135㎜Hgを超えていたら、担当医に相談しましょう（妊婦さんは低めの基準のほうが安心です）。

では、血圧が高いとどうなるのか。頭痛や胃のさしこみ、全身のむくみ、目がチカチカするなどの症状が出ます。また、見た目ではわかりにくいですが、おしっこがやたら泡立つ（たんぱく尿）などの症状も出ます。もし、嫁ハンがこれらの症状を訴えたら、できるだけ早く病院へ行くようにすすめてください。

妊娠高血圧症候群が怖いのは、血圧が高いことによって全身にさまざまな病気を引き起こすところです。重症化すると、脳出血、肝臓や腎臓の機能障害、若い人では慢性腎炎を併発することも多いです。さらに、これは母体だけの問題ではありません。常位胎盤早期剝離や発育不全・機能不全など、胎児の状態が悪くなってしまいます。最悪の場合、亡くなることもあるのです。嫁ハンの血圧がやや高めかなと思ったら、注意して見守るようにしましょう。

もう一つ、「妊娠糖尿病」があります。これはもともと糖尿病ではなかったのに、妊娠して初めて血糖値が高くなったり、糖代謝異常になったケースをさしています。ややこしいのですが、そもそも持病で糖尿病があった人や、妊娠中に明らかな糖尿病と診断された人は、妊娠糖尿病とは言いません。

「妊娠糖尿病」は、妊娠中に胎盤からｈＰＬ（ヒトプラセンタラクトゲン）というホルモンが分泌されることに起因します。このホルモンは血糖値を下げるインスリンに拮抗する作用があり、血糖値が上がりやすくなるのです。

妊娠中は運動療法が容易ではないため、基本は食事療法となります。血糖値を厳しく管理し、早朝空腹時95mg／dl未満、食前１００mg／dl未満、食後2時間１２０mg／dl未満を徹底します。

厄介なことに、妊娠糖尿病は妊娠高血圧症候群を合併しやすくなります。オッサンの生活習慣病同様、さまざまな病気を呼び込んでしまうという特徴があるのです。

妊婦さんは、血圧高いわ血糖値上がるわ下がるわで、かなりしんどい状態です。そして、妊娠糖尿病は、妊婦さん以上に胎児も危険にさらされます。低血糖や心臓肥大、電解質異常になりやすく、重い場合は流産したり、亡くなるケースもあります。

合併症はだいたい32週前後が好発時期ですが、早い時期から検査値が高くなっている人もいます。妊婦健診ではこれらの数値をしっかりチェックし、合併症リスクの早期発見も兼ねているのです。

では、ここで一つ朗報を。妊娠高血圧症候群も妊娠糖尿病も、妊娠が終了すれば治ります。つまり、産んでしまえば治るのです。出産後もしばらくは数値が高い状態が続くこともあるので、「完治する」というと語弊があるかもしれませんが、「寛解する」つまり、いい方向へ改善していくのです。ここで「完治」と書かないのは、これらの症状をもった人たちは数十年後の将来本格的な糖尿病や高血圧になるリスクが高いことが最近の話題になっているからです。赤ちゃんがお母さんの将来の病気も教えてくれるって、なんと親孝行なことでしょう。

こうした妊娠合併症については、両親学級でもお話しするようにしています。両親学級に忙しくて行けないダンナも、この本を読んでおけば、ひとまず大丈夫！

35歳以上、高齢出産のリスク

嫁ハンが35歳以上の場合、「高齢出産（マルコウ）」ということになります。現代社会でいえば、35歳なんてまだまだ若手の部類に入るかもしれませんが、こと生殖に関しては高齢と位置づけられるのです。

別に、高齢出産がいけないわけではありません。高齢の妊婦さんでも元気な赤ちゃんを産んでいる人はたくさんいますし、30代後半で一気にふたり、あるいは3人と駆け込みで出産し、肝っ玉母ちゃんになった人もいます。

問題視されるのは、「いろいろなリスクが高い」点なのです。

まず、前述した妊娠合併症（妊娠高血圧症候群や妊娠糖尿病）は、母体が高齢だと発症しやすくなります。また、加齢とともに、もともと病気を持っている人の率、持病率が高くなります。つまり、総合的に考えると、流産率や早産率、母体周産期死亡率も高くなるということ。リスクが重複した「ハイリスク妊婦」になりやすいのです。

そしてもう一つ、懸念されるのは「赤ちゃんの染色体異常」です。高齢出産のリスク話はおそらくここに集約されているのだろうと思います。

本来、ほとんどの染色体異常の受精卵は着床しないか、着床した時点で成長が止まります。流産の多くは染色体異常でもあるわけです。

ただ、極めて稀に育って大きくなるケースがあります。代表的なのは「ダウン症候群」、いわゆるダウン症です。ヒトの場合、23組の染色体は、通常2本でペアになっていて計46本ありますが、ダウン症は21番目の染色体が3本あるため、「21トリソミー」ともいいます。

ダウン症の子供は、心臓が悪かったり、白血病になりやすいなど、特異的に気をつけなければいけない病気も多く、天寿をまっとうできないと言われていました。が、最近では医学も進歩し、克服できる手技も開発されたので、60~70歳まで長生きする人も増えてきています。染色体が1本多いため、残念ながら、子供をつくることはできませんが、表現力やセンスを活かして、あらゆる分野で活躍している人も多いです。

画家や書道家、俳優、なかには大学教授になった人もいると聞いています。

このほか、18番目の染色体が3本ある「18トリソミー」(エドワーズ症候群)、13番目の染色体が3本ある「13トリソミー」(パトー症候群)が主な染色体異常とされています。

ここからが本題。なぜ高齢出産が心配になるかというと、こうした染色体異常の子供が生まれる確率が高くなると言われているからです。

たとえば、ダウン症の場合。ダウン症の子供が生まれる確率は「1000人にひとり」を切る、つまり「1000人にひとり以上の確率になる」のが35歳から、と言われていたのです。合併症も染色体異常も、35歳を分岐点にリスクがグンと上がるというデータのもと、35歳以上を高齢出産としたわけです。

ただし、染色体異常の子供のお母さんがみんな高齢出産だったかというと、そういうわけではありません。確率と実数を比較してもしょうがないことですが、高齢出産のほうが確率は高いです。ただし、染色体異常のお子さんを産んでいる実数は、20代の若い人のほうが多いです。20代の若いお母さんでも、頑張って育ててはる人もたくさんいますからね。このあたりは産科医がとやかく口を出すところではないかなと思っています。

「出生前診断」は夫婦で決める

妊娠中に、染色体異常を調べる検査があります。「出生前診断」と呼ばれるものです。産科医としては、妊婦さんにこの検査がどんなものかを説明しています。これは高齢出産の人に限ったことではなく、すべての年代の妊婦さんが知っておくべき知識、ということになっており、WHOでも説明することを推奨しています。

出生前診断には、「血液検査」「超音波検査（ソフトマーカー）」「羊水検査」があります。血液検査には「トリプルマーカー（3種類の成分を調べる）」と「クワトロテスト（4種類の成分を調べる）」という血清マーカー検査のほか、「NIPT（赤ちゃんの染色体を調べる）」という遺伝学的検査があります。比較的新しい検査であるNIPTは、すべての医療機関で行っているものではありません。

妊婦さんは採血のみで調べられるため、体への負担が少ないというものですが、これらの血液検査の診断的中率は100％ではありません。結果は確率で出てくるため、確定診断ではないのです。また、通常の妊婦健診で行うものではありませんので、受けたい人は別途検査費用がかかります。医療機関によって金額は異なりますが、血清マーカーは2万〜3万円、NIPTは約20万円と言われています。

ソフトマーカーと呼ばれる超音波検査では、エコーで赤ちゃんの心臓に逆流や奇形がないか、鼻の骨ができているかなどをチェックします。特に、NT（Nuchal Translucency）と呼ばれる項目は、赤ちゃんの首の後ろのむくみを診るものです。ここが分厚く見える場合は、染色体異常や心奇形の可能性があるからです。妊婦健診の中でも、原則4回とされている超音波検査では、これらをチェックしています。

赤ちゃんの情報を知りうる最も確実な検査は、「羊水検査」です。簡単に言えば、おなかに注射針を刺して、羊水を採取し、その中身を調べるものです。これも医療機関によっては異なりますが、10万〜20万円の費用がかかります。

羊水検査の何がいちばん問題かというと、検査を機に流産してしまうリスクもあるという点です。これもまた確率の話なのですが、1000人にひとりが羊水検査が原因で流産するというデータがあるのです。診断精度でいえば最も高いのですが、他の検査にはない流産リスクをどう考えるか。ここは難しいところです。

余談ですが、羊水検査は超音波で赤ちゃんの状態を診ながら行います。すると、ほとんどの赤ちゃんがなぜか針を触りにくるのです。赤ちゃん自身が見えているかどうかはわからないのですが、「なんや、外から入ってきたでー」と思っているのでしょうか……。

僕ら産科医は、「出生前診断というものがあり、受けたい人は受けることができますよ」と情報をお伝えするのみです。あとは夫婦でしっかり話し合って、これらの検査を受けるかどうかを決めること。

「1000人にひとり」という確率の話をすると、「めっちゃ多い」と感じる人もいれば、「そんなもんなんや〜」と感じる人もいます。おそらくこの感覚は夫婦間でも差があると思います。あらかじめ、ひざを突き合わせてじっくり話し合ってもらわないと、赤ちゃんも困ります。「自分、どないしたらエエ？　染色体異常だったらダメなの？　どっちなの？」と。

いろいろな事情がありますから、「染色体異常であれば中絶する」という決断もあるでしょうし、「検査結果にかかわらず、産む」という決断もあるでしょう。ただ、夫婦間での慎重な検討と話し合い抜きにして検査をするのは、赤ちゃんもかわいそうかなと僕は思います。

「早産」は妊娠後期で8%

早産とは、妊娠37週0日より前に赤ちゃんが生まれることをさしています。日本では22週0日~36週6日のお産を早産と分類していますが、この定義は国によって異なります。というのも、周産期医療の技術は国によって差があるからです。早産で生まれた赤ちゃんを流産とみなして助けない、あるいは技術的に助けられない国もあります。

早産の何が問題かというと、赤ちゃんの体がまだ育っていない、発達不全の状態で生まれてしまうことです。37週に入れば、いわゆる「正期産」となり、赤ちゃんも世の中へ繰り出す準備が整っているのですが、その前となると、胎児の体も準備不足の状態。体が小さいというだけでなく、いろいろなリスクを抱えている可能性も多いのです。

日本では妊娠後期の約8%が早産になるのではないか、と言われています。「この赤ちゃん、気が早いわー、せっかちやわー」というケースには体質的なものもあるようですが、人工的に早産になりやすい危険な状況もありますので、解説しておきましょう。

それは「常位胎盤早期剝離」というもので、僕らの間では「早剝」と呼んでいます。これは、分娩する前に胎盤が子宮の壁から剝がれてしまう状態のこと。何が危険かというと、胎盤からの供給を断たれて、胎児が血液や栄養、酸素をもらえなくなるのです。低酸素症や循環不全などを起こして、子宮内で生きられない状態になってしまいます。最悪の場合、死亡するケースもあります。

早剝は、胎児のリスクだけでなく、母体にも及びます。大量出血することもあって、子宮を摘出しなければいけなくなったり、母体死亡につながる例もあるのです。

このほか、「妊娠高血圧症候群」や「前置胎盤（胎盤が子宮口付近にある）」などで早産になるケースもあれば、「胎児機能不全」といって、胎児の元気とスタミナがなくなってきて危険な状態になることで、早産になることもあります。

早産とひと口に言っても、赤ちゃんやお母さんの命にかかわる可能性もあるということはわかってもらえたと思います。そして、さんざんしつこく書いてきましたが、再度記しておきます。早産になるリスクが高いのは、「喫煙」、「飲酒」、「感染症」、「合併症」です。予測不能に起こることもありますが、明らかにリスクを減らして防げるものもあるわけです。

働き者の嫁ハンに注意

早産になりかかっている状態を「切迫早産」といいます。これはどんな状態かというと、「すでに子宮収縮が頻繁に起こっている」、「子宮口が開きかけている」、「子宮口が開いて赤ちゃんが出てきそうになっている」、「すでに破水している」など、お産態勢に入ってしまいそうな状態のことです。

子宮収縮が起きていたり、子宮口が開きかけている場合は、子宮収縮抑制剤を使って、できるだけ赤ちゃんが母体内に長くいられるような治療をしますが、実はこの抑制剤で妊娠期間を延長させるというエビデンスはありません。特に錠剤に関しては、切迫流産には効きにくいと考えてもらっていいでしょう。

程度にもよりますが、収縮や開きが軽い場合は、必ずしも入院しなければいけないわけではありません。外来への通院で経過観察というケースも少なくありません。

入院が必要になるのは、収縮が強かったり、子宮口の開きが大きい場合、破水してしまっている場合です。破水の程度にもよりますが、完全に羊水が出てしまっている場合は胎児が助からない可能性も高くなります。まだ羊水が胎内に残っている場合は、胎児が感染しないよう抗生剤と子宮収縮抑制剤を点滴しながら、絶対安静にしてもらいます。

切迫早産の程度が軽い場合、問題になるのは働いている嫁ハンです。出産予定日よりも早く、産休に入る前に切迫早産となった場合、どうしたらいいのでしょうか。入院しなければいけないかと問われれば、必ずしもそうではない状況です。

僕の個人的な見解をお話しします。

不景気で人材を減らして、カツカツでやっている会社やセクションはたくさんあります

（僕ら周産期医療スタッフも理由は違えど、人手不足なのは同じ状況です）。転職などが難しく、雇用不安の問題も考えると、なかなか容易には休めないという状況もよくわかります。

真面目で頑張り屋さんの嫁ハンが、産休前に仕事を休んでまで入院はできない、と言ったらそれはそれで仕方ないなとは思います。ただ、もし仕事を続けていて、切迫早産が進んだり、万が一流産をしたら、とても後悔すると思うんです。それは不幸なことだと思うんです。

赤ちゃんの命を救う産科医のホントの本音をいえば、「仕事を休んで無理をしないで備えてほしい」のですが、それは言えません。だから、僕らはできるかぎりのことをして、結果を待つというスタンスをとっているのです。

頑張り屋さんで働き者の嫁ハン、会社を休めない嫁ハンがいるダンナは、早産のあらゆる可能性とリスクを知ったうえで、サポートしてくれたらいいなと思います。緊急入院や緊急分娩になる可能性、そのまま長期入院になる可能性、そして、赤ちゃんが早産で生まれたときのバックアップ態勢など、万が一のことを頭の片隅にいれておいてください。

NICUは「第二の子宮」

早産で生まれた赤ちゃんは、非常に危険な状態です。そもそも皮膚がとても薄くて、外気にさらされるだけで皮膚が破れたり、体温が下がりやすくなっています。また、体も小さく、心臓や肺などの循環器機能が万全ではないため、自発的に呼吸できないケースも多いのです。

そんな状態の赤ちゃんは、どうなるのか。そこで必要になるのが、「ＮＩＣＵ（新生児集中治療室）」です。日本では各都道府県にあります。ＮＩＣＵがないところはありません。厚生労働省の地域保健医療基礎統計（２００９年）によれば、全国にＮＩＣＵは２６５施設あるとされています（２００８年10月１日時点）。

ＮＩＣＵでは、早産児（低体重児）や先天性の病気をもった新生児を24時間体制で見守ります。緊急時には蘇生・救命を含めた専門治療を行いますが、基本は看護です。漫画「コウノドリ」では「赤ちゃんを育てるところ」と美しい表現をしていますが、僕は「第二の子宮」と考えています。

早産で生まれた赤ちゃんは妊娠週数にもよりますが、わずか数百グラムです。本来なら、お母さんの子宮の中で３０００g前後まで育つ予定だったのが、ちょっとフライングして早く出てきてしまったわけです。だから、お母さんの子宮の代わりが必要になるでしょう？

僕が診ている限りでは、ＮＩＣＵを卒業する時期は、予定日前後、つまり40週前後になる子が多いです。まさに、お母さんの子宮の代わりを果たしているわけです。

GCUは「おっぱい道場」

無事にNICUを卒業した赤ちゃんは、今度は「GCU」に行きます。これはグロースケアユニットといって、集中治療は必要ないけれど、成長をじっくり見守る場所になります。

僕はGCUを「おっぱい道場」と言っています（笑）。これは、主に赤ちゃんが自分でおっぱいを飲めるように育てる場所でもあるからです。NICUを卒業しても、まだうまくおっぱいが飲めなかったり、おっぱいの途中で呼吸を止めてしまう子もいます。GCUではそういう子たちを注意深く見守りながら、とにかくがんがんおっぱいを飲ませていくのです。

もちろん、途中でNICUへ出戻る子もいますので、油断は禁物です。また、これは施設の問題でもあるのですが、NICUがオーバーフローになったとき、あまり重症ではない子をGCUに移して見守るということもあります。GCUはNICUのバッファーとして使える側面もあるのです。なので、大概のNICUにGCUが備わっています。

赤ちゃんはおっぱい道場での厳しい修行を経て、無事に退院し、めでたく外来通院となるわけですが、その前に試験外泊をするケースが多いです。土日休日などに試しに自宅に戻ってみて、様子をみます。病院に戻って、調子が悪くなっていないかどうかなど検査して、問題なければ無事に退院となるのです。

早産の場合、嫁ハンは退院できても、赤ちゃんは入院する期間が長くなりますから、ダンナはそのあたりのタイムマネジメントを考えてみましょう。なかには、早産の子供にショックを受け、嫁ハンだけに任せて、自分は病院へ行かなくなるというダンナもいます。もちろん逆パターンもあるのですが。実際、少なくないです。

でもね、嫁ハンを孤独にしてはイカンと思うのですよ。ダンナにも何かしらできることはあると思います。足繁く病院に通う嫁ハンのためにできることが。ゴミ出しでも買い出しでも毎日の会話でも、なんでもいいのです。

赤ちゃんも生き延びようと頑張っています。嫁ハンも支えようと頑張っています。さあ、ダンナはどうする？　何ができる？　答えは自分で見つけてくださいね。

「帝王切開」は赤ちゃんのワープ

双子のところで少し触れましたが、「帝王切開」については、メリットとデメリットを知っておいてください。

帝王切開とはそもそも何か。おなかを切って、子宮を切って、分娩する方法です。これ、赤ちゃんにしてみたら最もラクな方法です。なぜなら下から産む経膣分娩だと、経産婦で平均6時間、初産婦で平均8時間もかかるのですから。その間、赤ちゃんは首を絞められているような状況にもなります。そりゃ、へばる子がいるのも当然です。だから、赤ちゃんにとって、帝王切開はいわば「ワープ」のようなものです。これが最大のメリットであり、帝王切開を行う最大の理由ともいえます。

もちろん、僕自身も個人的には経膣分娩がいいと思っていますし、できるだけ下から産めるようにしてあげたいのですが、それが無理なケースもあるのです。

帝王切開には「緊急帝王切開」、つまり経膣分娩の途中でトラブルが起こり、やむなく帝王切開に切り替える場合があります。最たるものは、赤ちゃんのスタミナがなくて、弱ってきたとき。赤ちゃんがしんどくなる前に、「帝王切開にしませんか」と言わざるを得ません。

もう一つは、もともと経膣分娩が難しい場合、「予定帝王切開」となります。日程をあらかじめ決め、予定して手術を行います。日本ではだいたい妊娠37〜39週の間で行います。

あらかじめ帝王切開になるのは、まず「前置胎盤」です。胎盤は通常子宮の上部（奥のほう）にありますが、前置胎盤は子宮口付近にあって、赤ちゃんの出口を塞いでしまうような状態なのです。ほぼ１００％、帝王切開になると考えてください。

ただし、妊娠中期に「前置胎盤の疑いあり」と診断された場合、妊娠が進むとともに胎盤が上がって正常な位置になるケースも多くあります。様子をみて、30週台中頃までに帝王切開になるかどうかを決定することが多いです。

前置胎盤の場合、おなかが大きくなりだす28週以降に、出血しやすくなります。あまり無理をしないことです。また、帝王切開の際の大量出血に備えて、あらかじめ輸血準備をすることもあります。自分の血液をストックしておく「自己血貯血」を行う施設もあります。

さらには「子宮筋腫」があります。筋腫のある人すべてが帝王切開になるのではなく、筋腫の位置や状態によります。前置胎盤と同じように、子宮口付近にある場合は、予定帝王切開を組むことになります。

そして、前のお産が帝王切開だった妊婦さんは、その後も帝王切開となるケースが多いです。帝王切開は子宮を切って行いますから、再度妊娠したときに、子宮が破裂しやすいというリスクがあります（1％前後）。子宮破裂した場合、赤ちゃんもお母さんも救命率が高くないので、ほとんどの病院が帝王切開をすすめます。帝王切開後の経膣分娩をＴＯＬＡＣ(trial of labor after cesarean delivery）といいますが、文字通りトライアルになるのです。

下から産みたい、と願う妊婦さんの気持ちはわかりますが、母体と胎児の安全性からいえば、リスクの高さを決して無視することはできません。帝王切開後の妊娠は、前置胎盤や癒着胎盤などが起こりやすく、大出血するケースも増えると言われています。世界的な産科診療基準としても、「帝王切開はできれば3回まで」と決められています。それだけ子宮にストレスと負担のかかる術式なのです。

あともう一つ、リスクをあげるとすれば、術後の感染リスクは高くなります。経膣分娩に比べると、ばい菌が入るリスクは高い。そもそも子宮が収縮していないところでいきなり分娩態勢に入りますから、感染しやすい状況下になるのは否定できません。抗生剤などを使って術後管理を徹底しますが、それなりのリスクはあるということです。

大声で医者が言わない裏事情

帝王切開は原則として腰椎麻酔で行いますが、緊急帝王切開の場合は全身麻酔になるケースもあります。なぜ初めから全身麻酔にしないのかというと、麻酔薬が赤ちゃんに回ってしまう可能性があるからです。そうなると、赤ちゃんは眠ったまま出てきて、産声を上げることができなくなるので、蘇生措置が必要になってしまいます。これ、赤ちゃんにとっては相当しんどいことになるのです。

基本的に、帝王切開は経膣分娩よりも出血量が多くなります。約2倍で、平均800～1000mlは出血します。ただし、先に書いたように妊婦さんは循環血漿量が1・5倍になっていますから、1000mlくらい出血しても、実はそんなにしんどくありません。

おなかの皮膚を切るときには、傷が目立たないよう、そして治りも早いため、できるだけヨコに切ってあげたいと思っています。思っていますが、タテに切らざるを得ないときもあります。子宮筋腫や胎盤の位置によっては、おなかをタテに切って、子宮そのものはヨコに切る場合もあります。このあたりはダンナが知らなくてもええ話ではありますが……。

実は、緊急帝王切開の場合、赤ちゃんをちょこっと傷つけてしまうこともあるんです（医者はこんなこと絶対言わないでしょう）。そもそも命の危険から救うために緊急で帝王切開となるわけですし、切ったからといって問題なくツルンと生まれる手技ではありません。

実際、１００人にひとりくらいは、どこかをほんのちょっとだけ切ってしまうケースがあります。なかでも、案外多いのは顔。お尻や脚もあるのですが、出口付近にたまたま赤ちゃんの顔がある場合が非常に多いのです。

ただし！　これ言っとかないと、僕ら産科医の信用がなくなるので、声を大にして書きますが、生まれたての赤ちゃんの皮膚はものすごい可逆性に富む、つまり、傷ができても治るのが大人と比べものにならないほど早いです。ちょっとやそっとの傷はすぐに治りますし、痕に残るようなことはありません。

告白しますが、僕も経験があります。緊急帝王切開で、赤ちゃんをちょこっと傷つけてしまったのです。そのダンナさんが、なんといいますか、嫁ハンの緊急時にたくさんの子分を率いていらっしゃるような人で、かなりエラい人のようです。しかも、僕はその方の赤ちゃんの、よりによって頬に傷をつけてしまったのです……。もうシャレにならない！

なので、正直にダンナさんに説明しました。すると、この方がめっちゃエエ人で、「ええやん、手術承諾書かなんかに、そういうこともあるって書いてあったし。センセがうちの嫁に言えないなら、オレが言おうか？」と言ってくれたのです。

もちろん傷はすぐに治って、残りませんでしたし、母子ともに健康で、無事に退院されました。医者が言わない裏事情。ホントはここにも書けないような話がぎょうさんあるんですが、このくらいで勘弁してください。

「帝王切開」も立派なお産

帝王切開で分娩した人が、落ち込むという話をよく聞きます。下から産んであげられなかった、と自分を責めてしまうようなのです。僕は声を大にして言いたい。

「帝王切開もちゃんとした立派なお産です。だから誇りをもって育ててください」

そもそも帝王切開は、赤ちゃんをラクにしてあげたい、助けたいから行うものであって、経膣分娩と比べて優劣のようなものをつけるのはおかしいです。

もしかしたら、いらんこと言うばあさんたちから「陣痛に耐えて我慢してこそお産」という前近代的な物言いをされたのかもしれませんが、ちゃんとしたお産であることに変わりはありません。母子ともども命の危険にさらされるのが良いお産だなんて、本末転倒も甚だしい。僕はプロとして、産科医として、赤ちゃんやお母さんが危険な状態での経膣分娩はおすすめしません。なんのために経膣分娩を望むのか、という話です。

なぜそんな考え方になってしまうのか、よくよく話を聞いてみると、どうやらよろしくないサイトを見ているようなのです。そこには、帝王切開の経験者が「自分の子育てがうまくいっていないのは、帝王切開をしたからだ」と書きこんでいるわけです。言っておきますが、分娩方式と子供の成長に、相関関係は一切ありません。

お産を終えた嫁ハンがスマホやパソコンにかじりついて、何やら胡散臭い情報に惑わされたり、自分を責めたり、不安になっているようなときは、ダンナからぜひこのことを言ってあげてください。「分娩方式がなんであれ、お産はお産である」と。「それを乗り切ってくれたことに感謝している」と。過酷な体験をした嫁ハンを褒め称えてあげましょう。

南米などでは、経膣分娩をするとその後のセックスがよくなくなるという理由で、かなりの妊婦さんが帝王切開を選んでいるようですが、もちろんこれは都市伝説です。しかし、ひとりの女性が産む赤ちゃんの数が減っていて、なおかつ比較的安全に手術のできる現代の日本では、帝王切開という分娩方法は、ある程度お母さんが決める選択肢にしていいのかもしれませんが、原則的には「帝王切開は赤ちゃんのための分娩方法」であることを知っておいてください。

「立ち会い出産」でそばにおって

昔に比べると、「立ち会い出産」は増えています。産科医療の現場スタッフとして正直な話をすれば、実はめっちゃ邪魔です（笑）。ものすごいダイナミックなことが起こる現場において、ボーッとしているダンナさんは、ハッキリ言って役立たずです。

それでも僕は「立ち会い出産」をおすすめします。この子のためには、そばにおってもらったほうがいい、というのがわかっているからです。もし、ダンナが立ち会いするかどうかを迷っていて、「センセイ、どうしましょ？」と聞いてきたら、「したほうがいいんじゃない？」と答えます。

もちろん、向き不向きもあるとは思います。よく言われているのは、「ダンナが立ち会ったら、血を見てひっくり返った（気を失った）」という話です。でも、そんな人は過去ほとんどいませんでした。何もできずに、ただただ圧倒されている人がほとんどです。

実際の出産現場はどんなものか。まず、ニオイが強烈です、血のニオイも強烈ですが、羊水も独特なニオイを放ちます。そして、赤ちゃんが産道を通ってくるときに、お母さんの直腸をグーッとしごくように刺激しますから、便が出たりします。これらのニオイが奏でるハーモニーをどう表現するかというと……「動物園」のようなニオイかもしれません。

さらにリアリティを出すとすれば、「イカクン（イカの燻製）をペロペロと2時間くらい舐めて、そのニオイを動物園で嗅いだときのようなニオイ」です（笑）。想像つきます？

僕はきれいごとは言いません。日々その現場で仕事をしているので、忠実に表現しただけです。しかも、その中で、愛する嫁ハンがものすごい形相でイキんでるわけです。

「嫁がものすごい顔で絶叫しているのを目の当たりにして、正直、萎えました……」

というダンナもいました。僕はそれは悪いことじゃない、というか、その人が悪い人だと思えません。とても正直な人だなと。

僕は、ダンナに「出産という奇跡のそばにいる」ことを体験してほしいと思っていますが、少し冷静に客観的にとらえて、立ち会うといいのではないかと考えて、そう説明しています。ダンナ自身は気合を入れなくても、役に立とうとしなくてもいい。スタンスとしては、「その場におったらええねん」「奇跡を感じられたらええねん」くらいのテンションでいい。真の目的は、「お産のときに嫁ハンに孤独な闘いをさせない」ことですから。

立ち会って号泣するダンナがいるという話も聞きますが、僕自身の経験では、ほとんどの人は泣いていません。最も多いのは、シンプルに固まっている印象です（笑）。ただ、どうしていいのかわからない中でも、笑ったりして、なんらかの感情の発露は見受けられます。涙を流して感動したからといって、いい父親になるわけでもありませんし。

そして、もう一つ。立ち会い出産を希望していたのに、仕事が忙しくて、あるいは海外出張などで間に合わなかったというケースは多々あります。予定通りにいかないのがお産ですから、しかたのないことです。

ただし、ある程度コミュニケーションがとれている夫婦であれば、立ち会い出産に間に合わなかったとしても、立ち会ったときと同様の歓びがあるんじゃないかなと思うのです。翌日あるいは翌々日に来て、赤ちゃんを抱っこしたときのダンナは、ものすごくいい顔しますからね。その表情は、立ち会えたダンナの表情と変わらないものです。

親の付き添いマイナス５割

立ち会い出産は、どこまで立ち会えるのか、という問題があります。どこまで、というのは、この場合、「誰が」という意味です。

先述のとおり、うちの病院では「赤ちゃんの一親等まで」と限定しています。そうでもしないと、舅・姑・小姑・実親・姉妹兄弟・親族と、一族郎党が出張ってきてしまいますから。これが結構なトラブルの元になっているようなので、立ち会い出産は、基本的に赤ちゃんの父親のみです。少なくとも、どうしてもという親族がいても、お産の瞬間には出て行ってもらうようにしています。

それでも食い下がってくるばあさんも、おるにはおります。義母なのか、実母なのか、とにかく妊婦さんのお母さんが「初孫誕生の瞬間を私も見たい！」と要求してくることもあるのです。

そんなとき、僕は彼女たちの耳元で、こう言ってやります。

「度胸8割、実力2割、親の付き添いマイナス5割」

これ、実は僕が大学を受験したときの試験会場にあった横断幕の文言なのです。受験生への励ましと、入試に付き添ってくる過保護で過干渉な親への牽制がうまいこと表現された言葉でしょう？　これ、お産のときも同じやなと思って、活用させてもらっているのです。

でも、これをいちばん言いたいのは、妊婦さん本人だろうなと。「親、マジ、ウザい、出張ってくんな！」と思っているのではないでしょうか。

もう一つ、立ち会い出産する人を限定する理由があります。実は妊婦さんの実母が、立ち会い出産でパニック状態になられるケースが多いのです。

実母の場合、自分が腹を痛めて産んだ娘が、自分の目の前でお産のために苦しんでいるというのが耐えがたい苦痛になるようです。どこの馬の骨かわからん男（笑）というか、自分とは違うDNA、要は他人である男の子供を産むために、実の娘が苦しんでいる。必死になっている娘の姿は、母親として見るにしのびないのかもしれません。

現場スタッフとしては、余計なオブザーバーがパニック状態になられても困るだけですから、義母・実母ともに、立ち会いはできれば自ら辞退していただけるとありがたいです(笑)。

最も危ない「以心伝心夫婦」

お産のリスク、万が一の可能性、夫婦が直面するであろうさまざまな事象について、解説してきました。嫁ハンが妊娠したら、夫婦間で話し合っておくべき項目はたくさんあるとわかってもらえたでしょうか?

特に、最初の仕込みが肝心です。体を張ってお産に挑む嫁ハンと、それを支えるダンナが同じ方向を向いていないと、どんどんズレが大きくなってしまいます。安全なお産と子供の未来を真剣に考えて一生懸命になっているのは、お互い同じだと思うのです。だからこそ、じっくり話し合って、夫婦の見解と選択肢を絞り込んでおくことが必要です。

どんなに好きで愛していても、信頼していても、お互い他人です。自分とは別の人間ですから、思っていることや考えていることがまったく同じではありません。妊娠中に、さまざまな選択肢や決断を突きつけられたとき、意見をどうすり合わせるか。

僕が思うに、「以心伝心の仲良し夫婦」というのが、いちばん危ないのです。

嫁ハンは嫁ハンで「うちのダンナはあたしのことをよくわかってくれているし、基本任せてくれてるから」と勝手に思い込んでいます。本来なら夫婦で決めるのがベストである、妊娠中の選択肢について、「ダンナには後で言えばいいことだし」と嫁ハンが独断で決めてしまったりもします。病院選び、出生前診断、分娩方式……選択肢はその都度浮上してきます。

一方、ダンナはダンナで、嫁ハンがそんな事態に直面しているとはつゆ知らず、「うちの嫁は大事なことはちゃんと話してくれるから」と思い込んでいます。後になって嫁ハンの口から決定事項を聞かされて、「オレ、そんなん聞いてへんよ」と驚きます。

嫁「だって、あんたも聞いてこんかったし!」

ダンナ「いや、だってそっちが言わんかったし!」

この会話、現場でもホントによく聞きます。つまり、以心伝心なんて、世の中に存在しないと思ったほうがいいです。こと妊娠・出産に関しては、自分の考えを言葉にして、お互いに伝え合わなければ、モメること間違いなし。後々に尾を引いて大変なことにならないためにも、言葉をちゃんと発してください。ふたりでしゃべってください。

僕は産科医ですから、夫婦関係にまで立ち入る気はさらさらありませんが、赤ちゃんが不利益をこうむることはできるだけ避けたい。その思いは誰よりも強いと自負しています。

妊娠は子供と出会う命がけの旅

この章の冒頭で、「お産は命がけか？」と提起しておきながら、この言葉を紹介するのもどうかと思いますが、「妊娠は子供と出会う命がけの旅」、これ、いいでしょう？　僕が感動した言葉の一つなのです。なんといっても、旅にたとえたところが素晴らしい。だって、旅に連れがいるのに、お互いしゃべらないなんて、おかしいでしょう？　連れとともにしゃべりまくって、なんだかんだとトラブルや意見の相違を乗り越えて、進んでいく。それは子供と出会うための旅なのだと。

これは南米の先生が言っていた言葉で、インディオの言い伝えだそうです。ちなみに南米では、妊産婦死亡率がものすごく高くて、安全なお産なんてほど遠いと言われるほど、周産期医療後進国です。「命がけの旅」というのも説得力があります。

アフリカの国では、妊婦さんはさらに過酷な状況です。ナイジェリアから来た先生に話を聞いたのですが、中部アフリカではとにかく妊婦が基本的に未受診状態だそうです。何十キロメートルも先の奥地から、臨月の妊婦さんがテクテクと歩いてやってきます。あるいはチャリンコに乗ってやってきます。つまりその段階で陣痛が来ている状態です。

そんな状況ですから、やっとのことで病院にたどりつき、診察を待っているのも命がけ。

「○○さーん、陣痛室が空きましたよ」と声をかけたら、すでに死んでいた、なんてケースもあるそうです。

世界の国々のお産事情を聞くたびに、僕は思うのです。夫婦ふたりで旅ができるということが、どんなに贅沢で幸せなことか。そしてそれは赤ちゃんにとっても幸せなことなのではないかと。

そして、日本は周産期医療先進国です。これらの国に比べれば、赤ちゃんもお母さんも死亡する確率は非常に低いです。何が起きるかはわからないけれども、道中で命を落とすような確率は極めて低く、比較的安全な旅なのだと思ってください。

第四章　「イクメン」ってなんやねん⁉

父も母も赤ちゃんも、全員一年生

長い旅を終え、無事に赤ちゃんが誕生しました。嫁ハンとケンカもしたし、口きかへん時期もあったし、ダンナは振り返ってみれば「怒濤の10ヵ月」だったかもしれません。

「なんか、めっちゃ疲れたわ〜」なんて言ってたら、嫁ハンが鬼の形相でこう言います。

「これで終わりやないで。ここからが始まりやで……」

妊娠から出産までは約10ヵ月。子育てはここから延々と続きます。いつまでかと言われたら、「子供が成人するまで」と答える人もいれば、「自分が死ぬまで」と答える人もいるでしょう。出産はスタートなのです。

初めての赤ちゃんをどうあやしたらいいのか、どう接したらいいのか、ダンナは戸惑います。戸惑うのが当たり前です。戸惑わないほうがおかしいです。不安を感じているダンナに対して、僕はこう伝えます。

「自分が慣れてないから怖いかもしれないけど、赤ちゃんも慣れてないんだよ。お互いに慣れていない者同士、受け入れていくしかないんだよ」

これはお父さんだけでなく、お母さんも同じです。家族全員が初心者、家族全員が一年生。みんなで慣れていくしかありません。

40週かけて父になればいい

そもそも、どの段階から「父親」になるのでしょうか。嫁ハンの妊娠が発覚した直後から、じわじわと感じ取る人もいれば、生まれた後でも「どないしたらエエのかわからん」人もいます。まだ妊娠中であれば、僕はこう言います。

「40週かけて父になればいい」

赤ちゃんと一緒で、40週かけて育っていったらいいと思うのです。さて、ここで問題。

「じゃ、生まれた後は？」

お父さんは決して父親として生まれたわけではなく、時間をかけて父親になっていくものです。赤ちゃんが生まれた瞬間に、「ハイ、父親でーす」とはいかないでしょう？　だから、僕は「明日、父親になったらいいんじゃない？」と話しています。もっと言えば、「今日なれなくても明日なればいい、明日がダメでも、その次の日になればいい」

これくらいのスタンスがちょうどいいのではないかと思っているのです。

おそらく、この本を手に取って読む人は、「よき父親プレッシャー」が強くて、心配でしかたないのでしょう。そして、この本を買ってくれたということは、基本、エエやつです(笑)。

嫁ハンを支えたいと思っているけれど、どうしたらいいかわからない。そもそも自分が父親になることにも不安と心配がある。

だとしたら、そのプレッシャーはリリースしてあげたほうがいいと僕は考えます。あまり頑張らないこと。肩の力を抜いて、気分は「相田みつを」でいいと思うんです。人間だもの。

お産の現場にいると、いろいろなダンナがいます。「お前、もっと頑張れよ！」と思うような人もたくさんいます。でもそういう人は、たぶんこの本を手に取りません（笑）。

逆に、神のようなダンナ、通称「神ダン」もいます。医者が説明しづらいようなことを、嫁ハンにものすごくうまく話してくれる人がいるのです。でも、神ダンになれ、とは言いません。今から神ダンになるのは絶対無理ですし、そこは目指すところではないです。

僕もぶっちゃけて告白しますが、ダンナには興味がないんです（笑）。もちろん医療に関することを説明したり、話を聞いたりはしますが、妊娠から出産までのダンナの行動を逐一見ているわけではありませんし、クライアントは妊婦さんと赤ちゃんなもので……。

でも、きっとこれくらいの温度がちょうどいいのだと思います。前のめりになって子育てに邁進するのではなく、「適宜・適量・いい塩梅」くらいに考えてもらえれば、気持ちもラクになると思います。

赤ちゃんの体は意外と強い

そろそろ赤ちゃんの話に入りましょう。実は、赤ちゃんの体は想像以上に強いものです。おっかなびっくり触っているお父さんも多いでしょうけれど、ポイントだけおさえておけば、意外と丈夫なので安心してください。

ポイントはたった二つ。一つは、首です。生まれてすぐの赤ちゃんは首がすわっていないため、ぐにゃぐにゃです。なぜ首がここまで軟らかいかと言うと、お母さんの産道をスムーズに通るためです。軟らかさは、言い換えれば、しなやかさに通じるのです。軽くて軟らかい、何に似てるかと言えば、イカの軟骨のような感じでしょうか。また、筋肉もあまりついていません。お母さんのおなかの中は無重力状態ですから、筋トレできていないわけです。

実は赤ちゃんが産道を出るときに骨折することがあるのですが、ほうっておいてもほとんどがすぐ治ります。一般的な骨折のイメージ、割りばしがベシッと折れるような感じではありません。それだけ可逆性に富み、柔軟でしなやかなのです。そんな軟らかくてしなやかな首ですが、裏を返せば、命にかかわる危険もあるということです。

首がぐにゃっと曲がってしまうと、赤ちゃんは気道を塞がれて、呼吸ができなくなってしまいます。首がしっかりすわる（「頸定」と言います）までは、無理な動きをさせないこと。赤ちゃんの頭を腕や手でしっかり支えてあげてくださいˍ。首だけ気をつけてもらえば、あとはどう抱っこしてもおんぶしても大丈夫です。

少し前に、怪しげな乳児マッサージを行っていたおばちゃんが乳児を死なせて、業務上過失致死で逮捕されました。あれの何がよくなかったかと言うと、首がまだすわっていない赤ちゃんを激しく揺さぶったことと、気管がねじれて呼吸できなくなったことです。

人間は頭蓋骨の中に脳が浮いている状態です。特に、生後間もない赤ちゃんは、脳が大人よりも不安定な状態です。激しく揺さぶると、脳の周囲の血管や神経が引きちぎられる可能性もあるのです。また、首が軟らかい状態だと、空気の通り道である気管がねじれてしまうこともあります。これによって呼吸ができなくなるのです。

あの事件ではお子さんが低酸素脳症で亡くなったことを考えると、いかに赤ちゃんの体の仕組みを理解していなかったかがわかります。

実は、事件になる前に、僕もあの本を買って読んでみました。医者として気になるところ、ツッコミどころがあるページの耳を折っていたら、本一冊まるまるがボコボコに膨れ上がるほど、根拠のないトンデモ情報満載だったことを思い出しました。

僕はあのおばちゃんはもちろんのこと、バックについて、これは「免疫力を高める」などとトンデモ情報を垂れ流していた医者が許せません。しかもその医者は、おばちゃんが逮捕されるやいなや、ホームページで「自分は一切関係ありません」と逃げたのです。卑怯極まりない。本来ならあのおばちゃんとともに、そのトンデモ医者をお白洲に引きずり出さなければいけないのです。

温度だけ気を配っておけば大丈夫

首のほかにもう一つ、赤ちゃんが弱いのは「温度」です。熱中症のように異常な暑さで起こるものも十分気をつけなければいけないのですが、実は低温にとても弱いのです。特に、生まれたての赤ちゃんは、かけものやおくるみで守ってあげてください。

赤ちゃんは、表面積でいうと、頭がいちばん大きいです。そこから熱が奪われてしまうので、冬の寒い時期には帽子をかぶらせるなど配慮してあげましょう。まだ世の中にデビューして間もない赤ちゃんは、体温調節もうまくできません。大人の体に合わせた室温ではなく、赤ちゃんメインで温度調節をしてください。

となると、現代ではエアコンなどに頼らざるをえません。「エアコンは体によくない」などというじじばばはほうっておいて、赤ちゃんのためにうまく利用しましょう。世の中全体的に、「嫁ハンは寒がり、ダンナは暑がり」の傾向があるようですが、赤ちゃんをベースに温度管理をしてください。

ワケもなく泣く「ためし泣き」

赤ちゃんは「泣くのが仕事」と言われています。これは誰もが重々承知していることなのですが、何をやっても赤ちゃんが泣きやまないときがあります。お父さんもお母さんも、何か理由があって泣いているに違いないと思って、いろいろなことを試します。ところが、おむつを替えてもダメ、おっぱいを飲ませてもダメ、抱いてあやしてもダメ、まるでかんしゃくを起こしたように泣きやまない時期があるのです。

実は赤ちゃんには、わけもなく泣く、とりあえず泣く、「ためし泣き」の時期があるそうです。これは、僕も一緒に共同研究をしている先生が、お父さんやお母さんに啓発している研究成果です（おやこの医学　oyako-igaku.com）。

この「ためし泣き」は生後1～2ヵ月頃のことです。一日5時間以上泣くこともあるそうです。でも、これは赤ちゃんが異常なのではなく、理由のない「ためし泣き」なのです。あやし方が悪いとか、お母さんが悪いわけではありません。赤ちゃんにはそういう時期がある、ということなのです。

お父さんやお母さんは火がついたように泣く赤ちゃんに対して、なんとか泣きやませようと頑張ります。泣く理由があると思って必死になるでしょうし、ときにはイライラしたり、激しく揺さぶったりしてしまうことがあるかもしれません。ご近所迷惑を恐れて、赤ちゃんの口を塞いだりする人もいるそうですが、それこそNGです。

朝、太陽が昇って、夕方に沈むことを止めることはできませんよね？「誰か太陽を止めて！」なんて、誰も言いませんよね？それと同じように、ためし泣きの赤ちゃんを止めることはできません。そう思うと、「しかたないな」と受け入れられるはず。イライラしてもしょうがないことだと、悟ってください。

しかも、朗報です。この「ためし泣き」は1～2ヵ月で終わります。それまでは、お父さんもお母さんも一緒に泣いてください。乗り切ってください。ピークを過ぎれば、赤ちゃんも何らかの意思表示ができるようになり、理由があって泣くようになりますから。この事実を知っているのと知らないのとでは、心の持ちようも対応もだいぶ変わってくると思うのです。

実際、赤ちゃんの生後1ヵ月健診に来るお母さんは、かなりしんどい状態の人が多いです。ためし泣きも含めて、ちょうど2週間目くらいが疲れや寝不足、ストレスもピークです。これはお父さんも同じかもしれません。でも、子は泣くし、うんちもしますし、ゲロも吐きます。そういう生き物なのです。

嫁ハン、あるいは自分がしんどいなと思ったときは抱え込まず、誰かに相談してください。

嫁ハンが陥る「育児雑誌症候群」

育児雑誌は一長一短だなと常々思います。孤独な育児をしているお母さんにとっては、心のよりどころになる一面があるのでしょうが（情報が正しければですが）、逆にいらんことを心配するタネにもなりえます。残念ながら、後者のほうが断然多い。

雑誌のグラビアに登場するのは、ツルンとした肌のカワイイ赤ちゃんばかりです。言ってみれば、写真映りがよくて、見映えする赤ちゃんたち。でも、たいがいの赤ちゃんはこんなにキレイじゃありません。顔や背中にぶつぶつができる「中毒疹」があったり、後頭部の毛がまだらハゲのようになっていたりするのが当たり前。これらは治療の必要はないもので、成長過程で見られる一過性の状態です。

ところが、育児雑誌でツルンとした赤ちゃんばかりに見慣れているお母さんは、心配して病院にやってきます。「うちの子、なんかの病気じゃないでしょうか?」と。嫁ハンが前のめりになっていたら、「雑誌の見すぎやで」とツッコんであげてください。

そもそも赤ちゃんの病気とは、どういうものか、お話ししておこうと思います。

赤ちゃんが生まれてきて、直ちに困るようなものは新生児科の医者がすぐに治療を開始します。たとえば呼吸ができない、臓器がうまく機能しないなど、生きていくうえで問題になるような状態です。

では、たとえば、赤ちゃんに指が６本あったら？　副耳（耳の穴の手前にできるイボ状のもの）があったら？　背中にあざがあったら？　これらは機能的に問題がなければ、すぐに治療しなければいけないというものではありません。

僕は病気とは呼ばず、「個性」ととらえています。「自分の子供がわかりやすいよう神様がマークつけてくれたんやで」と説明しているのです。「間違いようがないやろ？　だーっと子供並んでるけど、絶対わかるやろ？」と。

「普通と違う」と言う人にとって、何が普通なのかはわかりませんが、もちろんこうした個性は成長と共に消えることもあれば、形成手術でなくすこともできます。でも、それは今すぐ緊急にやることではなく、赤ちゃんがもう少し大きくなって、安全な時期に行えばいい話です。あるいは本人がなくしたいと意思表示をしてからでも遅くはありません。

実は、僕の手のひらにも個性があります。いわゆる「猿線」と呼ばれるもので、手のひらを一直線に横切る手相のことです。染色体異常の子供に多く見られるものなので、当時、僕の親父は驚いて染色体を調べたと言っていました。親父も産婦人科医でしたが、そのときは医者というよりも、ひとりのアホな父親だったのでしょう。先日酔っ払って、街角の手相見に手を見せたら「これは天下取りの手相だ」って言われました（笑）。ホンマかいな。

自責する嫁ハンを救うのはダンナ

赤ちゃんの個性の話ですが、実はお母さんが自分を責めてしまうケースが多々あります。指が1本多かったり、あざができていたり、個性がある場合に、「私があのとき薬を飲んだからこうなったのではないか？」と、妊娠中の自分の行動を振り返って自分を責めるのです。これは赤ちゃんが生まれもった個性ですし、妊娠中のお母さんの生活とは何の関係もありません。

「口唇裂・口蓋裂」という先天性の形質があります。これは、赤ちゃんの顔のなかでも、成長過程でくっつくはずの部分がうまくつかなかったために、鼻の下や口の中に裂け目ができる形質です。これは、おっぱいをうまく吸えなかったり、言葉をうまく発声できないなどの弊害もあるため、早い段階で形成手術を行います。

顔のことなので、たいていのお母さんはびっくりします。ただし、口唇裂・口蓋裂は手術で完全に治ります。説明するときには、有名人で口唇裂・口蓋裂だった人の写真を見せます。今の技術があれば、本当にわからなくなるほど、きれいに治るのです。

ところが、自分を責めるお母さんが多い。確かに、口唇裂・口蓋裂は風疹や薬の影響で起こることもありますが、全体の7割は原因不明なのです。お母さんが悪いわけではありません。

このネガティブな感覚をどこかでチャラにしたいのですが、なかなかに難しいもので、僕としては、ここでダンナにも協力を仰ぎたいところ。「きれいに治る」という着地点を目指して、嫁ハンの気持ちをプラスの方向へ導きたいのです。

僕が忘れられないダンナの言葉を紹介しておきます。おなかの中の赤ちゃんにもともと心臓の病気もあって、早産で出産した方がいました。生まれたのですが、顔に重複奇形、かなりたくさんの形態異常があり、半分がへつれているような状態でした。産後すぐにＮＩＣＵで集中管理することになったのですが、赤ちゃんは弱っていて、正直言えば、生きていくのがかなり厳しい状況でした。

ダンナに赤ちゃんがかなり危険な状態であることを説明したところ、彼は「嫁に子供を抱かせてあげたい」と言いました。

こういう場合、「僕からはきついので、センセイから嫁に説明してやってください」と言う人のほうが断然多いのですが、彼は違ったのです。「イヤ、僕から嫁に言います」と。そして、小さな赤ちゃんを嫁ハンに抱かせてあげて、こう言いました。

「いやー、コイツな、ちょっと僕よりブサイクなだけやわー」

この赤ちゃんは残念ながら間もなく亡くなったのですが、このダンナのひと言がどれだけ大きかったことか。お母さんがネガティブな感情を引きずらないための、救いの言葉になったのではないかと思います。

形態異常の赤ちゃんが生まれた場合、お母さんは自分を責めたり、あるいは病気の子を宿していたというネガティブな感情にとらわれがちです。産科医としては、できる限りその感情を払拭してあげたいのですが、僕らの力だけではどうしようもない場合もあります。何よりもまずお父さんがそういう感情にとらわれていたら、アウトなのです。赤ちゃんが頑張って生きていても、そのことを避けて通るようになってしまうと、嫁ハンも救われず、負の感情から抜け出せません。

僕は、亡くなって生まれた子でも、お父さんとお母さんには「おめでとう」と言います。めでたくないのは重々承知です。確かに、「何がめでたいねん!」とものすごい剣幕でクレームをつける人もいますが、子供が生まれたという事実はポジティブにとらえないと、お母さんがその後ずっと救われないからです。

ダンナには、ぜひともこういう場で力を貸してほしい……。もちろん口には出しませんが、心の中ではいつもそう思っているのです。

「マタニティブルー」に驚かない

勘違いしている人も多いのですが、「マタニティブルー」は産後に起こります。確かに、妊娠時にもホルモンの激しい変動によって気分の変調が起こりますが、子供に出会える、出産に向かっていくポジティブな一面がありますから、むしろ産後のほうが問題になるのです。

女性は怒濤の出産を乗り越えて、体力が回復しないうちに子育てがスタートします。疲れに睡眠不足も重なりますし、ホルモンの変動のせいで悲しい気持ちになったり、涙が止まらなくなったりします。これが「マタニティブルー」です。大なり小なり、多くの女性に訪れるホルモンの変化なので、ことさら驚かないでください。

しかも、マタニティブルーは産後2週間前後にピークになります。そして、多くは快方に向かいます。この時期は、赤ちゃんの「ためし泣き」もちょうど重なる時期。少しずつホルモンバランスも安定していき、赤ちゃんもお母さんも日常を取り戻していきます。

ただし、最近では「産後うつ」という状態になる人も多く、さらにはそのまま本格的なうつ病へと進んでしまうこともあるようです。これは非常に難しいところで、ホルモン変動だけが問題ではありません。個人個人の要素があり、産後うつに関しては、個別のケアが必要になると考えられます。

ところが、産科医や助産師はそこまで手を差し伸べることができません。原則としては、赤ちゃんの1ヵ月健診で、僕らはお母さんとは縁が切れるからです。となると、マタニティブルーには寄り添えても、産後うつへの対処ができなくなります。心療内科や精神科の領域になるわけですが、現状では、産後うつのお母さんの行き場がないのです。

お母さんは「おっぱいが出ない」「赤ちゃんがおっぱいを飲まない」「赤ちゃんが泣きやまない」と、自分に落ち度があると思い込んでしまう傾向があります。これも産後うつに拍車をかけてしまうのでしょう。

基本的には、うつ病と同じで、患者さんに「頑張れ」と言ってはいけません。ダンナは嫁ハンに「頑張れ」と言わないようにしましょう。産後、嫁ハンの感情が不安定になっていたら、マタニティブルーだと思って、見守ってあげてください。さらにその状態が1ヵ月以上長引いていたり、嫁ハンが眠れない、食べられないなどの状態になっているようであれば、心療内科や精神科の受診も検討してみましょう。

イクメンは国策、総動員法

いつの頃からか、「イクメン」という言葉が流行り始めました。「イケてるメン（男）＝イケメン」から派生して、「育児するメン＝イクメン」となったそうです。

僕自身はイクメンそのものに対して、文句はありません。ただ、「男はイクメンになるべし」というプレッシャーをかけるのはいかがなものか、と考えます。そもそもどんな人をイクメンと呼ぶのでしょうか？　毎日赤ちゃんをお風呂に入れてあげれば、イクメンと認めてもらえるのでしょうか？

おそらく、何をするかという中身ではなく、「嫁ハンとの距離感」がうまくとれていれば、イクメンです。嫁ハンが何を求めているのかによって、イクメンの定義も変わってくると思うのです。

子育ては、赤ちゃんのおむつを替えたり、ごはんを食べさせたり、お風呂に入れることだけではありません。嫁ハンと子供と一緒に生きていくこと、生活そのものが子育ての一環です。サポートのしかたは人それぞれ、さまざまな形があっていいと思うのです。

ところが、今は、女性がこなしている家事育児を男性も同じようなレベルで行うことが求められています。「同じくらいのこと、しろや！」的な世間のイクメンプレッシャーに、心が折れかけている男性が多いのではないでしょうか。

確かに、子育ては大変です。強烈に大変です。そして嫁ハンは死ぬ覚悟でお産をして、死にものぐるいで子育てをしています。本当にイクメンを目指すならば、同じ覚悟でやれ、という話です。それを中途半端な気持ちで「イクメン気取り」になると、痛い目に遭います。

明確な目標もなしに期間限定でイクメンをやっていると、必ずぼろが出ます。最悪の結果になりそうな気もするのです。

なぜ、そんなにイクメンプレッシャーをかけられるようになったのでしょうか。これは明らかにメディアが煽ったものですが、もとをたどれば、厚生労働省です。国としては、今まで大量にあふれていた団塊世代が定年を迎え、働く世代が減ったことに危機感を抱いています。今後もどんどん減っていくわけですから、女性を労働力と納税力のリソースとして使いたい、確保したい。そのために、政府は「女性が輝く社会」とか何とかうまいこと言っているのです。

女性がプロとして長く働けるよう、「晩婚になっても不妊治療を考えましょう」「保育園待機児童をゼロにしましょう」など、それこそあの手この手でいろいろな施策を必死で練っているところなのです。

ついでに、「あんまり働いてないダンナもなんやったら育児に従事して、よくできる嫁ハン立てたらどないやねん?」と(笑)。そういう意味では、イクメンは明らかに国策です。国家総動員法というか、予備役の召集というか。それこそ一億総火の玉ならぬ一億総イクメン、のようなものなのです。

でも、子育てには、いろいろな側面があります。何が必要かは、その家庭によって異なるはず。嫁ハンが何を求めているか、ダンナがどうサポートしていくか、それは政府や厚生労働省が決めることではありません。人それぞれの子育てを認める多様性があってもいいと思うのです。

なので、うわっつらだけのイクメン流行りや、世間が押しつける「イクメンプレッシャー」に対しては、ちょっとだけモノ申したいと思っています。

そもそも男は育児に不向き

育児について、興味深い話があるので、紹介しておきましょう。実は、僕がずっと研究をしていたのが「オキシトシン」というホルモンです。ホルモンというか、脳内の神経伝達物質なのですが、産科領域では実はなじみの深いものです。古くからわかっていたのは、子宮を収縮させたり、おっぱいをピュッと射出させる作用です。最近では、「育児行動」や「社会性」に関係する働きのほうが重要ではないかという知見になっています。そのため、別名・育児ホルモンとも呼ばれています。

まず、オキシトシンは育児行動をする脊椎動物すべてがもっています。ウニやホヤにもオキシトシン類似物質があるので、育児行動だけでなく、繁殖（生殖）にも関係する、非常に根源的な物質だと言えます。

このオキシトシンのレセプター、つまりオキシトシンを作用させる感受性の分布は、メスに比べるとオスは少ないのです。オスが少ないというよりは、メスの感受性がものすごく高い。これはほとんどの脊椎動物に共通して見られる特徴です。

つまり、育児行動に関しては、メスに比べるとオスは不向きなのです。愛着をもって子供を育てるオキシトシンが、メスに比べると作用しにくいわけですから、システムの上では子育てに向いていていない。たとえ、オキシトシンを大量に分泌しても、もともとレセプターが少ない（低い）ので、育児行動をとらないのでしょう。

生物学的に言えば、そもそもオスは子育てに関して「先発完投」なんてことは期待されていないのです。ダンナの脳には、嫁ハン同様の高い育児スキルはないわけですから。でも、先発完投が無理でも、中継ぎやリリーフはできます。つまり、最初からパーフェクトなイクメンを目指すのではなく、自分ができることを自分なりにやること。それが求められているんだよ、という話です。

山ネズミと野ネズミの違い

もう少し、オキシトシンと育児行動の話をします。同じ種のネズミ（ハタネズミ）でも、山ネズミと野ネズミでは、脳内のオキシトシン量が違います。山ネズミは野ネズミに比べると、オキシトシン量が格段に少ないのです。

山ネズミは、繁殖期だけに交尾をして、なわばりをもちます。自分の子供かもしれないネズミでも、なわばりに入ってきたら食い殺してしまうくらい、攻撃性が強いのです。子供を産んでも、一定期間を過ぎると独り立ちさせて、また繁殖行動に入ります。

一方、オキシトシン量の多い野ネズミは家族を形成し、子育てをします。しかもツガイ、つまりは夫婦になるわけです。オスは家族のためにエサを運び、メスはせっせと子育てをします。驚くことに、子供を産んでいないメスも育児行動を助けます。つまり、メスはオキシトシン優位で、出産しようがしまいが、もともと育児の才能とスキルがあるのです。

そして、オスもオキシトシン優位になると、育児行動をサポートする。全面的に育児を引き受けるのではなく、家族を守るようエサを運ぶなどの協力態勢をつくるのです。

実際、野ネズミの脳の中でオキシトシンを働かなくさせると、ツガイ解消・家族解散となります。逆に山ネズミの脳のオキシトシン感受性を上げると、ツガイと家族を形成します。オキシトシンが育児行動や家族形成に多大な影響を与えていることがわかりますよね。

何を言いたいかというと、つまりはオキシトシン感受性にはそもそも性差と個体差があるという話です。人間にも、山ネズミのようにまったく家に寄りつかず、育児行動しないヤツもいれば、野ネズミのように必要な部分で適切なサポートをするヤツもいるということです。

さらには、嫁ハンの育児の才能とセンスに男はかなわん、とも言えます。女性は相手の気持ちを汲み取って共感したり、世話をするというときに、パーッと頭の中で「こんな感じやな」と組み立てられます。ところが、男は組み立てるどころか、そのパーツすら持っていない。嫁ハンと同じようにやろうとしても、もともとプログラムされていないわけです。完璧な代わりにはなれない、と思うしかないのです。

オキシトシンのこれからの有用性

妊娠・出産・子育てに関しては、オキシトシンがかなり役に立つことはわかっています。もともとは陣痛誘発剤として使われていましたが、今後の研究が進めば、さらにいろいろな効果を期待できる、スーパー物質と言えます。

たとえば、おっぱいを射出させる作用がありますから、母乳が出にくい人に安全な形でオキシトシンを投与できれば、悩みを解消できると思います。産後のお母さんの多くが悩むおっぱい問題で悩まなくてもいいのです。

また、マタニティブルーや産後うつにも効果を発揮する可能性があります。オキシトシンは「多幸感を増す」「寛容性を増す」「痛みやイヤな記憶を消す」など、精神的な効果もあります。陣痛の痛みも時がたつにつれて薄れていくのは、オキシトシンの作用です。いわば麻薬のような効果もあり、海外ではＰＴＳＤ（心的外傷後ストレス障害）の治療にオキシトシンの利用を検討しているほど。

これはあくまで推測ですが、出産に立ち会ったダンナにもオキシトシンが多少出ているかもしれません。とてつもない喜びを感じられるだけでなく、子供への愛情も深まる。さらには、嫁ハンのイヤなところを忘れさせてくれる可能性があるかもしれません（笑）。

お産の現場に立ち会う僕らにも、もしかしたらオキシトシンが出ているのかなと思うことがあります。お産がうまいことといったときの歓びは、快感とか興奮とか達成感とはちょっと違うのです。なにかもっと原始的な感情がポッと生まれるような。そう考えると、産科医療スタッフはオキシトシン優位になりやすいのかもしれません。

社会性を高めるというのは、共感や協調性、相手の気持ちを汲み取るなどの作用のこと。夫婦になる、家族をつくる、共同体をつくるうえでも、オキシトシンは有効なのです。実際に日本でも、対人コミュニケーションが苦手な「自閉症（自閉症スペクトラム）」の人にオキシトシンが有効ではないか、という臨床研究も始まっています。

ただし、現状ではオキシトシンを外から足すのは難しいと言われています。分子が壊れやすく、点滴をしても脳内まで入りません。点鼻薬であれば、多少脳に届くかもしれませんが、作用を発揮するほどの有効量は届かないのです。もし、オキシトシンを脳に届く形にするか、あるいは同様の効果をもたらす類似物質ができれば、世界制覇できるんじゃないかと、僕は考えます。

攻撃性をなくして、社会性を向上させれば、平和になるかもしれないでしょう？　また、日本の社会問題ともいえる、家族の問題を解消できる可能性もあります。キレやすい子供、多動性の子供、ＤＶや虐待、育児放棄（ネグレクト）なども、オキシトシンが救ってくれるかもしれないのです。

もう少し身近な応用例を提案しておきます。ダンナが浮気しそうになったら、オキシトシンで防ぐというのはどうでしょうか。子供や嫁ハン、家族への愛着を高めて、ヨソへ行きにくくなります。

できることをできるときに

別の生き物の話でいえば、稀に育児行動が得意なヤツもいます。「タツノオトシゴ」のオスは超イクメンと言えます。

タツノオトシゴは、メスがオスのおなかに卵を産みつけます。卵胎生なので、孵ったらオスのおなかから赤ちゃんが出てくるのです。育児行動というか、妊娠・出産をダンナが担うわけです。他にも、巣作りを手伝う、敵を追い払う、エサを運ぶなどのサポート行動をする生物はいます。

他の生物でもこれだけ子育ての多様性がある。じゃあ、人間はどうやねん、という話です。

極論になるかもしれませんが、生物学的には、体も脳も性も、すべて役割に応じた進化のしかたをしている部分があるはずです。でも現代社会は、それを「平等に」「均等に」というのを目指しているので、ギャップが出てきてしまっているのです。もともとの機能や才能、適性を無視して、社会の要求に合わせようとするのは、無理なのではないでしょうか。

いや、だからって「女性は仕事をするな」なんて言う気はさらさらありませんが、もうちょっとそのあたりがフレキシブルにならんかなと思うのです。

「立ち会い出産」のところでも書きましたが、ダンナとしては「嫁ハンを孤独に闘わせてはいけない」のですが、これは妊娠・出産だけでなく、子育てに関しても同じ。最終的には、嫁ハンを「ひとりで子育てしているような感覚」にさせないことです。

社会規範や世間の押しつけで子育てに参加するのではなく、自分ができることをできるときにやる。そのためには嫁ハンとのコミュニケーションが必須です。

結局は、嫁ハンとちょうどいい距離感をとることがうまくいくコツなのだと思います。

自分のモノサシ、家族のモノサシ

僕は、最近の社会の傾向「かくあるべし」は、非常にヤバいと思っています。「母親はこうあるべし」「父親はこうあるべし」という考え方です。特に、ツイッターやＬＩＮＥの「炎上」を見ていると、「かくあるべし」という意見が非常に多い。多様性を認めない世間の懐の狭さには、危機感を抱いています。

たとえば、「ベビーカーを押して、満員電車に乗ってもいいか？」という話や、「夜に居酒屋に赤ちゃんを連れてくる人をどう思うか？」など、子育てする親には、常に「かくあるべし」が突きつけられるようになっています。

これに対する意見は、完全に両極端に分かれています。自分と異なる意見をまったく認めない人がどれだけ多いことか。世知辛いなぁと思いますし、日本社会特有の潔癖さみたいなものが、人と人との距離感をおかしくしているような気もします。

ダンナの立ち位置にも多様性があっていいと思うし、それこそ自分のモノサシで物事をとらえればいいはずなのに、なぜか「世間のモノサシ」が幅を利かせているのです。

嫁ハンの妊娠・出産を機に、ダンナは「自分のモノサシ」と「家族のモノサシ」を考えてみてください。

胡散臭いネタにツッコミを

　さて、そこでぜひ身につけてほしいのは、リテラシー（情報を正しく読み取る力）です。メディアリテラシーというのは、メディアが発する玉石混交の情報をきちんと読んで、嘘か本当かを見抜いて活用する能力をいいます。

　僕が思うに、世の中には、とにかく胡散臭い情報が多く、特に妊娠・出産・子育てに関してはトンデモ情報だらけです。嫁ハンがある本を読んで、「うわー、あたし、これや！」と言っていて、それがどうにも胡散臭かったら、「本当に大丈夫か？」と考えてほしいのです。「だって見たんだもん」「友達が（先輩が）見たと言っている」「みんな言っている」「テレビで言っている」というのは、その情報が正しいことを証明しているわけではありません。

　しかも、そのトンデモ情報を、よりによって医者が発することもあるのです。これは、科学の名のもとに胡散臭い情報を提示する「疑似科学」です。では、「疑似科学」とはどんなものか。アメリカの神経学者、テレンス・ハインズが定義した特徴を説明しておきます。

1、反証が不可能であること（万人に効くとは言えないモノ）

　たとえば、「マイナスイオンが体にいい」というのも、滝壺に行くと心地よく感じるから、だと言います。でもその「心地よい」の定義は、人によってまったく異なります。夜中の丑三つ時にひとりで滝壺に行っても心地よい……はずがありませんよね。体にいい、心地よいの定義が曖昧でブレているために、そもそも議論にならないわけです。よくある文言、「※効果効能には個人差があります」というやつです。

2、検証への消極的態度（理論を説明しないでゴリ押しする）

「体にいい」ということを証明するために、「だったら、その定義を作りましょう」と提案しても、「だって、いいものはいいんだもん」と開き直って、検証しようとしない場合。まさに消極的態度です。そういう人間が発している情報はヤバいです。かなりヤバいです。

3、立証責任の転嫁（逆ギレして説明せずにバックれる）

「体にいいって言ってるのに、何で信じないの？　じゃあ、お前らで説明しろや」と逆ギレしてくるような人間が発している場合。本来、科学的に正しいということを自ら証明して言わなければいけないのに、まさかの逆ギレです。これが焦げ付いてくると、だんだん香ばしいニオイになってきて、「陰謀論」などが浮上するワケです。

また、アメリカの著述家、マーティン・ガードナーも、疑似科学を主張する人間の特徴として、面白いことを書いていました。

「自分を天才だと考えていて、仲間をバカだと思っている」

「自分が不当に迫害されていると主張し、ガリレオ・ガリレイのような偉人になぞらえる」

「偉大な科学者や確立されている理論に攻撃の的を絞りたがる」

「複雑な専門用語を使う（ただし、自分が勝手に作った造語を駆使する）」

僕はこれらに「自らがつくった資格を自称している場合もある」と付け足しておきたいです（笑）。

今、家にある本や雑誌、嫁ハンが前のめりになっているような子育て理論など、これらの観点から見てみてください。まずは疑うこと。その感覚が大切だと思います。

『トム・ソーヤの冒険』でも有名なアメリカの作家、マーク・トウェインも、エエこと書いてます。

「健康法の本を読むときは注意が必要だ。ミスプリントで命を落とすかもしれない」

それくらい健康法に関する本を全面的に信用するな、ということです。でも、僕が思うに、「ミスプリント」ならまだ悪意がない。日本では意図して「ミスリード」する本が多い！

ということで、僕からのメッセージはこれです。

「この本の横に置いてある本は信用するな！」

そして、

「この本も全面的に信用するな！」（笑）。

「父親の自覚」とは？

さてここで問題です。あなたの「父親の自覚」とは？

「

」

ここは、あなた自身が嫁ハンとよく話し合って、書き込んでみてください。そもそも「父親の自覚」なんて、他人から促されるものではありませんからね。何でもエエんです。

第五章　産科医のクライアントは赤ちゃん

僕が産婦人科を選んだ理由

僕はもともとミュージシャン（ジャズピアニスト）になりたくて、高校時代はバンドを組んでいました。そんな話はどうでもエエかもしれませんが、まあ、聞いてください。ミュージシャンには「何百人にひとりのプロフェッショナル」と「何万人にひとりのアーティスト」がいます。プロは「いついかなるときでも誰とでもどんなことでも、実力を発揮する」職業で、アーティストは「売れようが売れまいが自分がやりたいことをできる才能のある」人です。

ものすごく才能のある先輩や友達がいたのですが、失踪したり、自殺したこともあって、18歳で悟りました。「アーティストにもなられへんし、プロにもなれない。オレ、向いてへんな」と。そこから医者を目指して勉強し、浪人してなんとか医学部に滑り込んだのです。

実は大学に入ってからも音楽をやっていました。非常に不真面目な学生だったと思います。あまりに授業に出ていなかったために、教授から「君が荻田くんか、初めまして」と言われるほど。「ああ、初めまして」と正直に言ったら、めちゃくちゃ怒られました（笑）。だから「医者になったら死ぬほど真面目にやろう！」と決意したのです。初めは研究者を目指そうと思っていました。研究者はいわばアーティストです。アーティストになりたい、認められたいと思うあまり、おぼちゃん（小保方晴子氏）のような人も出てきてしまうわけですね、あの業界では。

ただ、そのときは自分の志向が定まっていなかったため、いろいろなことをできる科がいいと考えました。救命救急も考えたのですが、そのときたまたま産科の救急現場に居合わせたのです。産婦人科であれば、研究も外科的要素も救命救急の一面もあるんだなと気づきました。そんなわけで、僕は産婦人科を選んだのです。

唯一「おめでとう」と言える産科

僕の時代はまさに「研修医残酷物語」でした。その頃は、少子化が懸念され始めた時代でしたが、ベビーブーマーのお産をとるために、産科医がかなりダブついていました。先輩から「お前、アホやな。産科に来てもポストないで」と言われる始末。

その割に、研修医は過酷な状況で、休みがないのは当たり前。8連続当直（泊まり勤務）も普通のことで、僕は最多で12連続当直したこともありました。しかも薄給。お金の話をしてもしょうもないのですが、初任給12万とうたわれていたのに、フタを開けてみたら8万5000円。借りていたアパートの家賃が7万5000円。こうなったら先輩にすがりついて、たかるしかありません。「こなきじじい作戦」です。

当時、僕がいた病院に、末期のがんで長期入院しているおばあさんがいました。そのおばあさんの病室に行くと、お見舞いの品とかお菓子がたくさんあって、「私は食べられへんから、これ、食べ」とくださるのです。今だから白状します。用もないのに、そのおばあさんの病室へよく行きました。食べ物をくださるので……ハイ、僕はパラサイト研修医でした。

時間もない、お金もない、とてもじゃないけど健康的な生活じゃない。健康を削るだけなら、若いので寝れば回復します。ただ、中には魂を削ってしまう人もいました。僕と同世代には、過労死・自殺が相次ぐような状況で、産科医の5年生存率（5年勤務を続ける率）は半分を切ると言われていたのです。

今は、新研修医制度（新医師臨床研修制度・平成16年創設）が大幅に変わったおかげで、そこまで過酷な状況ではなくなりましたが、産科医の人材不足は深刻です。正確に「産科医療の崩壊」と認識されるようになったのは、2000年代後半です。2006年に起きた「大淀事件」（奈良県の大淀町立大淀病院の妊婦さんが意識を失い、その後19軒の病院が搬送を受け入れることができず、脳内出血で死亡した事件）が医者の産科離れに拍車をかけたと言えます。2008年には「墨東病院事件」（総合周産期医療センターでもある東京都立墨東病院が産科医不足のために、妊婦さんを受け入れることができず、死亡した事件）も起こりました。大淀事件や墨東病院事件は「妊婦たらい回し」とメディアで伝えられ、産科医不足問題が明るみに出たのです。

二度とこのような悲劇が起こらないよう、周産期医療は変わりつつあります。妊婦さんの救急搬送に対応するシステムは、各自治体でも検討と改善が行われました。それでも、産科医、あるいは新生児医が足りていない現状は未だ改善されていません。人数の問題に加えて、配置の問題もあります（これについては後述します）。

そんな周産期医療の現実もあり、産科は依然過酷な職場であることは間違いありません。それなのに、なぜ産科医を続けているのか。一般的には「産科医＝ドＭ」と言われることも多いのですが（笑）、いやいや、違うのです。

「お産に立ち会う喜び」というのは、いわば麻薬のようなものです。ドラマチックでダイナミックな現場にいて、言葉ではたとえようのない喜びがあります。オキシトシンも出ているのではないかと思っていますし。だから産科医はやめられない。

それに、入院してきて、「おめでとう」と言えるのは産科医だけ。他の科であれば、基本的には患者さんに「お大事に」か「ご愁傷様」と言わなければいけない。でも、産科に来るのは患者さんではなく妊婦さんです。どんな妊娠でも「おめでとう」なのです。

血の通ったプロでありたい

「産科医になってよかったと思いますか?」と聞かれることがあります。迷わず「はい」と答える自分がいます。一日に何回も「しんどいなぁ……」と思うことがありますが、それを上回る数の「よかったなぁ」があるから。だから今でも続けられています。

たとえば、妊婦健診に一緒についてきたダンナさんに、思いっきり蹴られたことがありました。虫の居所が悪かったのか、途中からお怒りになられて、キレられまして。超音波診断にイチャモンつけられて、蹴られたのです。これはしんどいでしょ?

僕にとっていちばんしんどいのは、母体死亡、妊婦さんが亡くなることです。もちろん赤ちゃんが亡くなるのもしんどいですが、元気だったはずのお母さんが亡くなるのは、本当にしんどい。僕自身、今までに母体死亡例を3件、経験しています。以前は、夜中にその夢を見て、汗びっしょりで目覚めるのを繰り返していました。

あのときは本当にしんどかった。「コウノドリ」の漫画の中でも主人公の鴻鳥先生の同期の四宮先生が経験しています。僕らは「おめでとう」と言う科なのに、おめでとうと言えないケースも目の当たりにしているのです。妊婦さんと赤ちゃんの安全を何よりもいちばんに考えて、これだけ口うるさいことを言うのは、尊い命が失われる、つらい現場を知っているからなのです。

僕は常にプロでありたい、血の通ったプロでありたいと思っています。スタンスは決まっています。「どんな状況であっても妊娠した人には徹底して妊娠がうまいことといくよう、できるだけのことをする」です。

「ハイ、よろこんで！」の精神で

これから医者を目指す人にも、僕は産科をすすめます。僕は来年50歳になりますが、産科医の人数を増やし、後進を育てることも使命だと考えるようになりました。

これは、「コウノドリ」の作者・鈴ノ木ユウ先生と話していて意気投合したのですが、若い頃は「27歳で死のう」と思っていました。27歳で急逝したジミ・ヘンドリックスを尊敬するあまり（笑）。でも自分が27歳になったとき、「ああ、これで僕らはロックの神様にも見放された」と。じゃあ、区切りがいいから50歳で死のう、と思ったのですが、いざ50歳を目前にして、まだまだやらなきゃいけないことが山積みで……。この本もその一つですが、お産のプロフェッショナルとしては終わりがないのだと悟りました。

基本的には、自分がいなくても世の中は回っていきますし、いないほうが円滑に回っていくだろうなと「引き際」を考えないでもないです。若い奴らは僕のことを「オッサン、ウザい、はよいってまえ」と思っているでしょうし（笑）。でもそれでいいと思っています。

医療の世界も新陳代謝が必要です。65歳を超えた高齢の産科医が、いまだに分娩を取り扱っている場合もあります。もちろん、そういう先生方は古くからやってはるから、経験も豊富だし、信頼を集めていることは確かです。でも、いつ倒れてしまうかわからない。

たとえば、「産後ケアハウス」のようなものを作って、周産期にかかわりつづけてもらうのもいいかもしれません。産後ケアハウスは、女優の小雪さんが韓国で利用して、一躍話題になりましたが、日本ではまだ一般的ではありません。厚生労働省でも策定中のようですが、具体的な動きはこれからでしょう。

出産後、おっぱいや子育ての悩みを相談できる場所があって、そこにベテランの元産科医や助産師、カウンセラーがいたら、心強いですよね。産後のお母さんがストレスと疲れをためている頃に利用できるような施設があれば、マタニティブルーや産後うつも軽減できるのではないかと思うのです。

産科医は、脳外科医や眼科医のような細かい手技も少なくて、比較的長く現場を続けられるほうです。体力は必要ですが、加齢によって勇退を余儀なくされるということは少ない。

僕は65歳でスパッとやめようかなと思っています。それまでに構築したいことはいっぱいありますので、もうちょっとだけ頑張ろうかと。ほら、ミカンの木も枯れる前にいっぱい実をつけるといいますから。周産期医療の行く末を誰かがちゃんと見届けないといかん、と思っているわけです。

僕のじいさんから言われた家訓であり、お産の師匠である先生からも言われたことがあります。「頼まれた仕事は絶対断るな」です。これは周産期医療に携わる者の使命であり、矜持でもあると考えています。僕らは断ってはいけないのです。妊婦さんも赤ちゃんも、僕らが断ったら、行き場がありませんから。

だから、うちの病院に研修にくる奴には、電話をとったら「ハイ、よろこんで！」と言わせます。これが言えない奴は、「居酒屋●民へ半年間行け！」と言っております（笑）。

僕のクライアントは赤ちゃんです

産科医の最大の使命は「赤ちゃんの声なき声を聞くこと」です。

たとえば、妊婦さんや赤ちゃんの命に危険が迫って、選択肢に詰まったとき。いや、本当は詰まってはいけないのですが、緊急事態が起こったときに、僕らはどうするか。次の瞬間に何が起こるかわからない状況で、よりどころにするのはエビデンスです。「この処置をすれば70％の人が助かる」というエビデンスがあれば、それを選択せざるを得ません。水晶玉を見て適当なことを言う占い師と違って、僕らは常に選択を迫られます。30％の人が助からないとしても、その処置を行うしかないのです。心の中では常に「この妊婦さんが自分の嫁ハンだったらどうする?」と思って、最善を尽くすしかありません。

もっと究極を言えば、救命率が五分五分だった場合、時間と闘いながら、「この赤ちゃんはどうしたいと思うか?」と自問します。

芥川龍之介の「河童」という小説では、河童の世界が描かれているのですが、河童の赤ちゃんは、生まれるかどうかをお母さんのおなかの中で自分で決めるのです。「どうする?生まれる?」と聞かれて、河童の赤ちゃんが「いやあ、今回はやめとくわ」と答えるようなシーンがあります。それができれば産科医はどんなに気が楽か……。できないまでも、赤ちゃんの声なき声に耳を傾ける。その姿勢が重要だと僕は考えるのです。

そして、赤ちゃんの声なき声を、自分本位の吹き替えにしてはいけない。情で動いてはいけないし、神頼みで奇跡に頼ってもいけない。プロフェッショナルとしては、エビデンスを頼りに動くしかないのです。

他の科の医者に言わせれば、僕ら産科医は「あいつらアホちゃうか?」というくらいの騒ぎ方をしているそうです。でも赤ちゃんの心音が落ちたときは生きた心地がしません。一秒でも早く、と怒号飛び交うのは当たり前。時にはもたつく医者に頭突きをくらわせて、医者同士が軽い脳震盪を起こすような状態にもなるのです（僕が実際やりました）。そらもう必死です。だって赤ちゃんがＳＯＳを出しているのですから。

たぶん、僕の本当のクライアントは、赤ちゃんなのだと思います。赤ちゃんからも「オッサン頼むで、ホンマ～」と言われているのかもしれません。

産科医のぼやき、炎上覚悟！

かねてから、医療は「ポピュリズム」になってはいけないと僕は考えています。ポピュリズムというのは、一般大衆の感情や考え方、要求や願望を代弁する主義のこと。「患者さんのために」という錦の御旗を振りかざしている医者ほど、患者さんの人生を真剣に考えていなかったりするものです。「○○はするな！」という独善的な芸風（？）や、甘い言葉を売り物にして、熱狂的な信者（患者）を獲得している医者もたくさんいますが、僕は疑問を感じます。

「それで本当に患者さんは救われるのか？」

医療は残念ながら万能の魔法ではありません。必ず限界と例外があります。特に周産期医療がそうです。医療技術が飛躍的に発展しても、倫理が追いついていないという問題もあります。わかりやすい例で言えば、不妊治療です。

日本は不妊治療大国です。うちの施設でも不妊治療を経てお産に挑む妊婦さんは、全体の約18%にのぼります。ただ、現状では、「合併症があって、おなかの中で赤ちゃんを育てていけるかどうかわからない」人や、「年齢的に妊娠を継続できるかどうかわからない」人にも、不妊治療は行われています。

確かに、子供が欲しいと願っているのになかなかできない人、病気が理由で妊娠しづらい人にとっては、不妊治療は「救い」になります。不妊治療で授かって、元気な赤ちゃんを産んだ人もたくさんいますし、決して不妊治療そのものを批判するつもりはありません。実は僕も4年間ほど大学病院で合併症のある人の不妊治療に従事してましたから。

だからこそ言うのですが、超高齢や合併症をもった女性に体外受精を行って妊娠させると、どれだけリスクの高いお産になることか。赤ちゃんが育たない可能性、赤ちゃんが亡くなる可能性、母体が危険な状態になる可能性、いろいろなことを加味すれば、制限のない不妊治療が正しい医療のあり方だとは到底言えません。

もちろん、不妊治療でも「45歳以上はお断りします」「高齢出産はハイリスクです」「合併症の可能性があります」など、きちんとしたアナウンスをしているところが多いのですが、「リスク……うにゃうにゃうにゃ」と曖昧にお茶を濁して、治療を開始してしまう施設もあると思われます。

そして、どんな形であれ妊娠さえすれば、その医者は「神様」のように称えられます。そういう施設では、お礼の手紙が壁一面に貼ってあったりします。「おかげさまで妊娠できました！」と。でも、出産に至ったかどうか、無事に赤ちゃんが生まれたかどうかは誰にもわかりません……。

なので、僕は不妊治療が魔法の技術のように取り上げられるのは、ちょっと違うかなと思うのです。過去にも数多くの優秀な医者が、まるでダークフォースにからめとられるように、不妊治療専門の施設へ移っていった時期もありました。

本来なら、不妊治療と周産期医療も密接にかかわらないといけないのでしょう。受精卵着床・妊娠を目標とする不妊治療と、母子ともに健康な出産を目指す周産期医療は、手を取り合わないといけない。でも現状は、それらの指針をうまくコントロールできていないし、社会のコンセンサスもあやふやなままで、結局は個人に委ねられている状況なのです。

不妊治療の施設も今、飽和状態です。それだけではやっていけない時代がきて、今後は淘汰されていくと思われます。

僕個人の考えではありますが、不妊治療のクリニックや小規模な分娩施設がバラバラの方向で進んでいくのではなく、周産期チームを構成するという認識が、施設間をさまよう患者さんを減らすことにつながるはずです。おそらく世界の趨勢から考えても同じことです。これは事実として発信しないといかん、と思っています。

漫画「コウノドリ」には、実は強烈な皮肉がメッセージとして込められています。一般の方が読むと、周産期医療の現実や、お産のリスクについて、うまいこと書いてあるなーと思うかもしれません。ただし、産科や新生児科の現場の人間が見たら、

「あちこちにケンカ売っとんなー（笑）」

と思う内容でもあります。関係各所がざわざわするような、ね。

でも、多くの同業者は共感してくれています。先日も、とある大学病院の方から、「うちも外来に『コウノドリ』全巻置いてます！」と写真まで送っていただきました。それ、「僕に送らんと、講談社と鈴ノ木先生に送ってください」と言いましたけど（笑）。編集長も相当しんどい思いをされたと言っていましたし。

僕は「コウノドリ」の主人公鴻鳥サクラ先生のモデルと言われていますが、僕にしてみれば、コウノドリ先生が大師匠なんです。僕自身がコウノドリ先生に救われていると思います。この仕事を長く続けていると、慢心が出てくるというか、初心を忘れてしまうようなときもあるんです。そこで、あの漫画を読むと、気づかされることがたくさんあります。

「あー、ちゃうちゃうちゃう！　もう、今朝の俺、死ね！」みたいな感覚ですわ（笑）。だから、僕自身も炎上覚悟というか、世の中に今まで打ち出せなかったメッセージを出さなきゃダメだなと思いました。

周産期医療の理想

周産期医療を充実させるためには、何が必要なのか。なんといっても産科医と新生児科医の人材確保です。これは医療従事者側の問題であり、国や行政の問題でもあります。

「そんなの、うちの嫁ハンに関係ないわ」

と思ったあなた！　医者が足りないという事実を、ちょっと身近な例で考えてみましょう。

あなたが住んでいる地域には、ＮＩＣＵを併設した大きな病院が近距離圏内に５軒あります。ところが、どのＮＩＣＵも新生児科医が慢性的に不足していて、しかも常に満床の状態です。ギリギリカツカツのところで、新生児治療が行われているのです。

そこで、あなたの赤ちゃんが早産で危険な状態になったときに、対応してくれる施設がどれだけあるでしょうか？　新生児の蘇生措置ができる医者が常駐し、命をとりとめたとしても、その先に続く新生児集中管理をできるかどうか……。新生児科医不足は本当に深刻です。

ここで、一つクイズです。あなたの家の近所にあった病院のＮＩＣＵが閉鎖された場合、これは問題だと思いますか？

答えはＮＯです。「え？　赤ちゃんを救える施設がなくなったのに、どうして問題じゃないの？」と思うでしょう。これはむしろ安全で安心と言えるのです。

自分の街にＮＩＣＵが1床でもあれば、それを担う新生児科医が数人必要です。近距離圏内にＮＩＣＵがたくさんあればあるだけ、それに見合う数の新生児科医が必要になります。結果、新生児科医は人手不足かつ過酷な勤務状況になっているのです。あなたの赤ちゃんが緊急事態に陥っても、それを救えない可能性もあります。

ただし、あなたの住んでいる地域の周産期医療センターが重点化・集約化されたのだとしたら、これは決して嘆くことではありません。その代わりに、ハイリスク妊婦や新生児治療の受け入れ態勢をしっかり整えた施設ができた、ということです。あなたの赤ちゃんも救われる確率が上がるのです。

周産期医療の理想は、「オムニポテント」と「ユビキタス」だと僕は考えています。オムニポテントとは、「全能の」という意味です。つまりどんなことが起きても、対応できるということ。そして、「ユビキタス」とは「どこにでも同時に存在する」という意味です。つまり、どんな人でもどんなときでも、等しく医療を受けられるということです。

これ、実は、実現可能なことなのです。それぞれの病院の、それぞれの先生に、きちんと問題意識があって、それに見合う技術と、つながって話し合う機会があれば、あとは「ネットワーク化」するだけです。一つの病院が基幹病院となって、他と連携する形にすればいいのです。人口（妊婦さんの数）と医者の数、周産期の施設の配置を俯瞰的に見て、密接な協力態勢をとれば、オムニポテントとユビキタスは可能なのです。

あとはカルテの統一、情報の管理ですが、今はＩＴ技術も相当進んでいますから、それが物理的に可能な時代です。問題は連携態勢をどうやって築くか、だと思います。

大阪の腰の軽さと風通しの良さ

少なくとも、大阪は連携するところまでは、既にやっています。だから、妊婦さんの緊急搬送を断るようなことはありません。人手不足の現状はあるにしても、大阪府の行政が周産期医療をしっかり考えていますから。僕は大阪で仕事ができて、とても幸せだと思います。

大阪や京都は、昔から「お上《かみ》よりも仲間内を大切にする」気風があります。大阪で言えば商人が、京都で言えばお寺さんが「寄り合い」で、「こないしまひょか」「ほなそうしまひょ」と話し合うんですよ。決してトップダウンでモノを決めたりしないわけです。

大阪には医学部のある５つの大学がありますが、医者の間でも学閥なんてほとんどありません。定期的に飲み会をやって、意見交換をしたりもします。「アイツに頼んでみよかー？」「アイツやったらできるわー」と。キャラもポテンシャルもある程度把握し合えるくらい、医者同士がお互いに顔が見える付き合いをしているのです。また、大阪府の行政（医療対策部など）にも、腰の軽さと風通しの良さがあります。顔が見える関係を作ろうという姿勢があるのです。

大阪なんてハッキリ言って「大きな田舎」ですわ。本当に、しょんぼい地方都市なんです。もちろんさまざまな障壁はありますが、顔を見ながら話し合える素地があるので、話も早い。

おそらく、地方で成功した例を中央にどんどんあげていけば、全国規模でも検討されるのではないでしょうか。

周産期行政というのは、決定するのは中央（国）なのですが、実質的な部分は都道府県に任されています。もし都道府県が予定分娩数などの予測を見誤ると、周産期医療センターやNICUが足りなくなるなど、弊害も起こります。たとえば、宅地開発でベッドタウン化が進んだ町など、急激に人口が増えたところでは、施設の絶対数が足りなくなって、追いつかないのです。

ところが、自治体の財政というのは、売り掛けするわけにはいきませんから、税金を取ってからでないと、なかなか動けないのです。

もっと政治的な話で言えば、赤ちゃんは1票を持っていない。赤ちゃんの耳元で「清き一票をお願いします」とささやいたって、「ばぶぅ？」と返すだけです（笑）。周産期医療にお金がつぎこまれることがないんです。

逆に、じじばばは1票を持っています。「高齢者のためにこういう施設を増やします！」と言えば、じじばばは「あのセンセ、いい人やな」となるわけです。

「劇的ビフォーアフター」というテレビ番組、ありますよね？　あれ、90歳近くのばあちゃんが「家ん中に段差があって生活できへん」って、大金かけて豪勢なリフォームしてますやん？　ばあちゃんひとりのために。あれ、自己資金やからエエけど、税金でやられたらたまらんなあ、とひとりでツッコんでいます。それといっしょです。日本の明日を考えて重点的に投資するなら、どこに使うべきか、おのずと見えてくるはずなのになぁ。

ダンナはチーム医療の一員

先に「お産の際の危機的出血による死亡は少なくない」と書きましたが、危機的状況そのものは、割合で言えば「250人にひとり」に起こると言われてきました。嫁ハンが249人のうちのひとりであればいいのですが、残りのひとりに絶対にならないという保証はありません。緊急事態に万全の態勢で対応できる施設をぜひ選んでほしい、と心から願っています。

では、産科医と新生児科医のいるNICUがあれば万全なのかというと、そうとは言い切れません。お産のバックステージには、実にたくさんのスタッフがいることを知っておいてほしいのです。

お産の主役は、もちろん妊婦さんと赤ちゃんです。その周りには、僕ら周産期医療のスタッフ（産科医・新生児科医・助産師・看護師）がいます。そして、その陰には、救命救急医や麻酔科医もいます。

もし赤ちゃんに外科的治療が必要な場合は、小児外科医・小児循環器科医も必要です。形態異常の赤ちゃんには、形成外科医や口腔外科医のサポートも必要になります。さらに薬が必要な場合は、薬剤科の薬剤師も必須です。もし、妊婦さんが経済的な問題を抱えていたり、家族からのDVが懸念される場合は、ソーシャルワーカーもサポートします。

お産の話になると、どうしても産科医や産婦人科医が主体になると思われがちですが、実際にはこれだけのスタッフが存在しているのです。そして、お産の数々のリスクをこれだけの人々で担っているわけです。

もちろん、妊婦さん自身も、そして赤ちゃん自身もお産のリスクを背負っています。経腟分娩の場合でも、赤ちゃんは命がけで出てくるわけですから。お産はお母さんひとりがするものではなく、チームで行う団体競技だと思ってください。

本来は、このバックステージをいろいろな形で見せてこなければいけなかったのでしょう。見せてこなかった僕らが悪いのかもしれません。だから「コウノドリ」では救命救急医も登場させてもらえるようにお願いしました。

だって、僕ら産科医は救命救急医がいてくれたら、ホント、千人力ですから。安全なお産のはずが、命を救わなければいけない緊急事態になったとき、命を救うプロフェッショナルがサポートしてくれるならどれだけ心強いことか。

たとえば、自分のバックにケンカ負け知らずの腕っ節の強い、ごっついオッサンがいてくれたら、高校生のガキにケンカ売られても、買うでしょう？　それといっしょで、バックに救命救急医がいてくれたら、どんな救急搬送でも断らないでしょう？

そして、なんと、この周産期医療のスタッフにはもうひとりいます。それがダンナです。

「え？　オレが？　何したらエエのん？」

ひとまず、そこにおってくれるだけでもエエです（笑）。何をするべきか、こうするべきだ、などとは決して言いません。

ただ、妊婦さんも赤ちゃんもリスクを背負っています。ダンナもリスクを分担する周産期医療スタッフの一員であると、自負してください。それだけでいいのです。

おわりに

どうやら年代的に僕は「バブル世代」と言われるようです。

バブルの真っただなかに医者になった世代は、実はかなり鬱屈したものを持っています。いじけ者です。だって同級生がバブル景気に踊っている時、数万円の月給で月当たり200時間、300時間の時間外の仕事を手当無しでしていましたので。多くの同僚が斃れ、現場を去って行きました。

だから言うわけではないのですが……。

日本のお産への取り組みというのはバブルを機に少し変質したような気がしています。お産の本来は、新しい命の誕生を喜びをもって迎える、です。それを支えるプロである我々医療者もその感動と誇りを胸に仕事をしています。しかしいつの頃からかお産のイベント化が急速に進行しているように感じます。毎回行われる3D・4D超音波、お産の後のフランス料理、おみやげ……。あるいはお産の差別化が進み、一切の医療介入を排除した「自然な」お産や自宅分娩が話題になったりしています。僕はこれらを否定するつもりはありません。

実際我々の施設でもフリースタイルの分娩を取り入れたり、分娩後にアイスクリームをお出しし祝い膳を提供したりしています。極端な少子化の中では、妊娠・出産そのものが一生に一度あるかないかのイベントであることにも同意します。ただ、忘れてはいけないのはお産の大前提は「安全性の確保」なのです。それが実現したうえでの「安心」と「アメニティ」なんだということをご理解ください。

漫画「コウノドリ」には、救命医と新生児科医が登場します。厚生労働省などの研究では、リスクのないお産でも２５０回に１回は母児の命に関わる事象が起こることがわかっています。産婦人科医のさまざまな努力だけでなく、彼らとのチームワークでこの危険性を２万回に１回程度にまで下げているのが日本の周産期医療の現状です。産婦人科医は奥床しいので見えないところでどれほど努力しているかは言いませんが、周産期のプロはみんな、もしものことが起こったら、と常に考えながら仕事をしています。限られたリソースの中で最大限の安全をどう確保して行くか、頭を悩ませています。華美な食事やアメニティと同じくらい、安全への取り組みを宣伝してもエエのになあなどと思うことがあります。

本文にも書きましたが、実は僕自身、分娩後のお母さんを出血で亡くしています。その情景が何度もフラッシュバックしたり夢をみて夜中汗びっしょりで跳ね起きたりということがよくありました。ある晩、担当していた別の妊婦さんがやはり分娩後大出血で心肺停止にな

おかあさんを
げんきにしてくれて
みんなありがとう

りました。死にものぐるいで蘇生し、それこそ必死で手術して止血しました。幸いにも治療は成功し、その方は後遺症もなく退院できました。幼稚園に行っていた上のお子さんが、退院前に手紙をくれました。お父さんに字を教えてもらって書いたそうです。沁みました。その時に、やっぱり周産期医療って、自分ひとりでやってるんじゃないんだな、家族も含めたチーム医療なんだなということが痛いくらいに理解できました。

それからはピタリとフラッシュバックがやみました。

あなたは本書を最後まで読まれました。

これでもう、あなたは立派な周産期医療チームの一員です。

我々は、お産のいろいろなことを安心してあなたに託すことにします。もちろん、わからないことがあればいつでも、何でも訊いてください。

本書の刊行に当たり、いろいろお世話になった講談社の加藤孝広氏とライターの永峯美樹氏に深謝いたします。また、「週刊モーニング」という男性雑誌で周産期医療を取り上げるというとてつもないことがなければこの企画は生まれなかったかもしれません。「週刊モーニング」の編集部の皆様にも深謝いたします。何よりも、周産期医療をテーマに漫画を描こうと思い立たれた「コウノドリ」の作者、鈴ノ木ユウ先生のおかげで我々の仕事が男性諸氏に伝わりました。足を向けて寝られません。今度こそマジでセッションしてください。

本当に皆様ありがとうございました。

最後に、研修医残酷物語の時代も無給医の頃もそして周産期医療崩壊の最前線でダメージを喰らっても大して壊れることなく仕事を続けられたクソ丈夫な身体と心に産んで育ててくれた両親は……ちょっぴり恨みます。おおきにありがとさん。

荻田和秀

荻田和秀

1966年、大阪府生まれ。香川医科大学卒業。大阪警察病院、大阪府立母子保健総合医療センター等を経て、大阪大学医学部博士課程修了。現在は大阪府泉佐野市のりんくう総合医療センター泉州広域母子医療センター長を務める。産科医にしてジャズピアニストという異色のキャラクターが人気を博す「週刊モーニング」の連載漫画でTVドラマ化もされた「コウノドリ」の主人公・鴻鳥サクラのモデルとなった医師である。

講談社+α《プラスアルファ》新書　653-1 B

嫁ハンをいたわってやりたい

ダンナのための妊《にん》娠《しん》出産《しゅっさん》読《どく》本《ほん》

荻《おぎ》田《た》和《かず》秀《ひで》

2015年10月20日第１刷発行
2025年９月12日第12刷発行

発行者―――篠木和久
発行所―――株式会社 講談社
東京都文京区音羽2-12-21 〒112-8001
電話 出版(03)5395-3522
販売(03)5395-5817
業務(03)5395-3615

装画・挿画―――鈴ノ木ユウ(週刊モーニング「コウノドリ」より)
デザイン―――鈴木成一デザイン室
カバー印刷―――共同印刷株式会社
印刷―――株式会社新藤慶昌堂
製本―――牧製本印刷株式会社
本文データ制作―――朝日メディアインターナショナル株式会社

KODANSHA

定価はカバーに表示してあります。

落丁本・乱丁本は購入書店名を明記のうえ、小社業務あてにお送りください。

送料は小社負担にてお取り替えします。

なお、この本の内容についてのお問い合わせは第一事業本部企画部「＋α新書」あてにお願いいたします。

Printed in Japan
ISBN978-4-06-272913-0

講談社+α新書

長生きは「唾液」で決まる！ 「口《くち》」ストレッチで全身が健康になる
植田耕一郎
歯から健康は作られ、口から健康は崩れる。その要となるのは、なんと「唾液《つば》」だった!?
800円 662-1 B

マッサン流「大人酒の目利き」 「日本ウイスキーの父」竹鶴政孝に学ぶ11の流儀
野田浩史
朝ドラのモデルになり、「日本人魂」で酒の流儀を磨きあげた男の一生を名バーテンダーが解説
840円 663-1 D

63歳で健康な人は、なぜ100歳まで元気なのか 人生に4回ある「新厄年」のサイエンス
板倉弘重
75万人のデータが証明!! 4つの「新厄年」に人生と寿命が決まる！ 120歳まで寿命は延びる
880円 664-1 B

預金バカ 賢い人は銀行預金をやめている
中野晴啓
低コスト、積み立て、国際分散、長期投資で年金不信時代に安心を作ると話題の社長が教示!!
840円 665-1 C

万病を予防する「いいふくらはぎ」の作り方
大内晃一
揉むだけじゃダメ！ 身体の内と外から血流・気の流れを改善し健康になる決定版メソッド!!
800円 666-1 B

なぜ世界でいま、「ハゲ」がクールなのか
福本容子
カリスマCEOから政治家、スターまで、今や皆ボウズファッション。新ムーブメントに迫る
840円 667-1 A

2020年日本から米軍はいなくなる
飯柴智亮 聞き手・小峯隆生
米軍は中国軍の戦力を冷静に分析し、冷酷に撤退する。それこそが米軍のものの考え方
800円 668-1 C

テレビに映る北朝鮮の98%は嘘である よど号ハイジャック犯と見た真実の裏側
椎野礼仁
よど号ハイジャック犯と共に5回取材した平壌…煌やかに変貌した街のテレビに映らない嘘!?
840円 669-1 C

50歳を超えたらもう年をとらない46の法則 「新しい大人」という50+《フィフティプラス》世代はビジネスの宝庫
阪本節郎
「オジサン」と呼びかけられても、自分のこととは気づかないシニアが急増のワケに迫る！
880円 670-1 D

常識はずれの増客術
中村 元
資金がない、売りがない、場所が悪い……崖っぷちの水族館を、集客15倍増にした成功の秘訣
840円 671-1 C

イギリス人アナリスト日本の国宝を守る 雇用400万人、GDP8パーセント成長への提言
デービッド・アトキンソン
日本再生へ、青い目の裏千家が四百万人の雇用創出と二兆九千億円の経済効果を発掘する！
840円 672-1 C

表示価格はすべて本体価格（税別）です。本体価格は変更することがあります